致尼克斯·斯坦格斯（Nikos Stangos），作为纪念

致谢

我要感谢多年以来与我分享其广博知识的许多同人，包括克里西·伊莱斯（Chrissie Iles）、克里斯汀·范·阿谢尔（Christine Van Assche）、洛里·齐佩（Lori Zippay）、盖伦·约瑟夫-亨特（Galen Joseph-Hunter）、贝尔塔·西奇尔（Berta Sichel）、约翰·汉哈特（John Hanhardt）、玛格达·萨文（Magda Sawon）、多米尼克·纳哈斯（Dominique Nahas）、芭芭拉·伦敦（Barbara London），还有许多艺术家，例如，维托·阿肯锡（Vito Acconci）、卡洛琳·史尼曼（Carolee Schneemann）、玛莎·罗斯勒（Martha Rosler）、米歇尔·鲁芙娜（Michal Rovner）、道格拉斯·戈登（Douglas Gordon）、加里·希尔（Gary Hill）、托马斯·赫希霍恩（Thomas Hirschhorn）、格雷厄姆·温布伦（Grahame Weinbren）。特别感谢我的编辑，《纽约时报》（New York Times）的安妮特·格兰特（Annette Grant），《美国艺术》（Art in America）的贝琪·贝克（Betsy Baker），感谢《电子艺术联盟》（Electronic Arts Intermix），感谢朱莉亚·麦肯齐（Julia MacKenzie），以及泰晤士 & 哈德逊（Thames & Hudson）出版社的工作人员，尤其是编辑安德鲁·布朗（Andrew Brown）。同样感谢阿尔·萨巴蒂尼（Al Sabatini）、比尔·卡斯特里诺（Bill Castellino）和莉莉（Lily）。

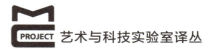

艺术与科技实验室译丛

艺术中的新媒体

(原书第 2 版)

[美]迈克尔·拉什(Michael Rush) 著

李 镇 张碧月 译

图1 (对页,上) **皮皮洛蒂·瑞斯特**(Pipilotti Rist),《我不是错过太多的女孩》(*I'm Not the Girl Who Misses Much*),1986。

Published by arrangement with Thames & Hudson Ltd, London.
New Media in Art © 1999 and 2005 Thames & Hudson Ltd, London
This edition first published in China in 2024 by China Machine Press Co., Ltd, Beijing
Simplified Chinese Edition © 2024 China Machine Press Co., Ltd, Beijing

此版本仅限在中国大陆地区（不包括香港、澳门特别行政区及台湾地区）销售。
未经出版者书面许可，不得以任何方式抄袭、复制或节录本书中的任何部分。

北京市版权局著作权合同登记　图字：01-2023-3542号。

图书在版编目（CIP）数据

艺术中的新媒体：原书第2版/（美）迈克尔·拉什（Michael Rush）著；李镇，张碧月译. -- 北京：机械工业出版社, 2024.10. --（艺术与科技实验室译丛）.
ISBN 978-7-111-76546-2

Ⅰ. G206.2

中国国家版本馆CIP数据核字第2024XH5141号

机械工业出版社（北京市百万庄大街22号　邮政编码100037）
策划编辑：马　晋　　　　　责任编辑：马　晋
责任校对：张　薇　张　征　　封面设计：张　静
责任印制：常天培
北京宝隆世纪印刷有限公司印刷
2024年11月第1版第1次印刷
145mm×210mm·7.625印张·2插页·301千字
标准书号：ISBN 978-7-111-76546-2
定价：78.00元

电话服务　　　　　　　　　网络服务
客服电话：010-88361066　　机　工　官　网：www.cmpbook.com
　　　　　010-88379833　　机　工　官　博：weibo.com/cmp1952
　　　　　010-68326294　　金　书　网：www.golden-book.com
封底无防伪标均为盗版　机工教育服务网：www.cmpedu.com

目录

- 7 **引言**
  时间艺术 9 / 电影和先锋电影Ⅰ 13 / 从杜尚到凯奇再到激浪派 20 / 电影和先锋电影Ⅱ 26

- 36 **第一章**
  媒体和表演
  20世纪60年代的多媒体表演 37 / "工作室"表演 47 / 日本具体派和维也纳行动主义 54 / 性别和媒体表演 59 / 极简主义和观念趋势 61 / 政治，后现代主义和新奇观 65

- 84 **第二章**
  录像艺术
  一种新媒介 84 / 观念录像 102 / 个人叙事 115

- 126 **第三章**
  录像装置艺术
  雕塑空间和监控 127 / 探索政治 136 / 探索抒情 152 / 探索身份 162

- 182 **第四章**
  艺术中的数字
  数字修改的摄影 186 / 数字电影的 195 / 计算机艺术 205 / 交互艺术：互联网 215 / 交互艺术：装置和电影 224 / 虚拟现实 236

- 242 **主要参考文献**

引言

20世纪艺术的特点之一是它一贯倾向于质疑绘画作为再现媒介的特权的悠久传统。20世纪初，布拉克和毕加索决定将白报纸、桌布条或绳子等日常材料融入他们的绘画中，这体现了他们将画布内容延伸到绘画之外的努力。这种"与画布的搏斗"为大量20世纪的艺术家指明了道路，从俄国人马列维奇和塔特林，到20世纪中期的波洛克（Pollok），再到像理查德·普林斯（Richard Prince b.1949）这样的画家，普林斯的抽象在诉诸画布之前是在一台计算机中成形的。抽象、超现实主义和观念主义，仅举20世纪形式几例，都参与了对传统绘画的深刻质疑。

尽管这种认知在某种程度上说是恰当的，但是太过笼统，不能对20世纪引入的各种实践的广泛程度进行充分说明。这个时期的另一个特点集中体现在其艺术的"实验"性质：艺术家以各种各样的方式从绘画和雕塑的壳中破茧而出，将新材料融入他们的作品中；贴有现成品或再现日常生活碎片物品的绘画；关注点从"客观"再现转向个人表达；使用新的技术媒体来呈现时空的含义和新观念。"所有艺术都是实验的，"美国电影和录像评论家吉恩·扬布拉德（Gene Youngblood）写道，"否则就不是艺术。"

20世纪以迅猛之势创造了一个以电子链接的星球，这反映在艺术实践的极速扩展上，这些实践超越了传统的绘画和雕塑，几近疯狂地将日常事物纳入艺术领域中。任何可以被解析为主体或名词的东西，都可能已经被某人包含在某处的某个艺术作品中了。这种包容性表明了当代艺术家的核心关注点，即找到艺术中表达个人陈述的尽可能好的方法。遵循尼采和弗洛伊德铺设的复杂的心理学路径，将主体置于历史的中心，艺术也变得与"个人"紧密相连。这种观点，在马塞尔·杜尚（Marcel Duchamp）等人的捍卫下，以一种新的方式将艺术家置于艺术事业的核心。艺术家不再受画布的限制，可以通过任何可能的手段自由地表达任何观念。这个观念可以关乎艺术史、关乎当

图2　**理查德·普林斯**，《我最好的》（*My Best*），1996。
自20世纪初起，文字和油漆就已经出现在画布上了，但理查德·普林斯的这幅画中并非一看即知的是，这些缠绕在一起的线束是在他的计算机中成形然后被丝网印刷到画布上的。

今政治或关乎个人政治。表达的方式和用于实现表达的手段导致了材料的激增，以至于一位评论家，阿瑟·丹托（Arthur Danto），宣布了我们熟知的"艺术的终结"。"在某种程度上，当艺术意识到艺术作品没有必须为之的特殊方式时，"他写道，"它就走向了终结。"

20世纪最后的先锋是参与了一个世纪的各种革命中最持久革命的艺术：技术革命。由艺术界之外的发明发起，基于技术的艺术（包括从摄影到电影到录像到虚拟现实的一系列实践，以及介于两者之间的许多其他实践）已经将艺术引向了曾经由工程师和技术人员主导的领域。

奇怪的是，尽管新技术本身涉及大量的机器、电线以及密集的数学和物理组件，但从艺术与技术的结合中诞生的艺术可能是最短暂的艺术：时间的艺术。一张照片据说可以捕捉和保存一个瞬间；一幅在计算机中创作的图像根本不存在于任何地点或时间。图片被扫描到计算机中，然后被编辑、剪辑、擦除或乱序，似乎可以打破过去、现在和未来的常规壁垒。

在20世纪中期以来被引入艺术的所有新材料中，本书将探索媒体和表演、录像艺术、录像装置和数字艺术的主导趋势，包括照片操控、虚拟现实和其他交互形式。采用这些新媒体的艺术家没有被技术变革吓倒，他们认为自己是变革的一部分并希望参与其中。他们对技术的可能性感到兴奋，而非被它们疏远。

电影和电视已经为艺术家的日常经验提供了信息，但是与那些追求技术的商业使用的艺术家不同，这些艺术家寻求表达

图3 **艾蒂安-朱尔·马雷**（Etienne-Jules Marey），《体操运动员跳过一把椅子》（*Gymnast Jumping over a Chair*），1883。

个人陈述，而不考虑他们所作所为的商品价值。像其他使用颜料、木头或钢铁创作的艺术家一样，这些艺术家探索并经常颠覆新媒体的批判潜力和技术潜力。一些技术进步来自一些在其作品中探究媒体使用的艺术家，这本身就是一个有趣的副产品。

尽管艺术中新媒体的使用确有其史，但是很难描述。这一历史尚未被书写，主要原因是它一直在发展。这并不意味着我们无法尝试书写历史，或者至少以不同方法对这段历史进行综合；因为表明联系和指明历史理解之路是艺术史的职责，即使是在必须进行有限概述的范围内。

追踪艺术中新媒体的历史最简单的方法应该是通过技术本身的发展（比如，从摄影中的马雷和迈布里奇，到电影中的爱迪生和卢米埃尔兄弟，等等），但这样我们将得到的会是一个类似航空发展的时间线。尽管20世纪艺术中的某些关键艺术家和运动将自己呈现为在技术媒体中工作的艺术家的先驱（例如，当代艺术的哪个分支不会把马塞尔·杜尚作为先驱？），但是这种艺术不可能有简单明确的线性叙事。不仅因为我们尚在故事的半程，而且因为故事本身也随着世界不同地区的不同类型艺术家的同步活动开始并继续着。因此，主题归纳的方法似乎比严格按照时间顺序排列的方法更加合适。

时间艺术

20世纪60年代中期之后，正如评论家和策展人安妮-玛丽·杜格（Anne-Marie Duguet）所说："时间不仅作为一个反复的主题出现,而且作为一个构成一件艺术作品本性的参数出现。"随着表演、事件、偶发艺术、装置乃至录像的出现,艺术形式的时间性成为中心。目前,由于观众与发起并维持该艺术行动的机器达成了协议,基于计算机的交互艺术提供且需要时间的暂停。

媒体艺术的故事与贯穿 20 世纪的摄影发展密不可分。无论是个人的还是历史的时间和记忆,都是摄影的内容,而且随着静止和运动影像的出现,一种将时间视觉化的新方式被介绍给了艺术家和业余爱好者。再现明显涉及空间(被再现对象占据的空间和绘画或雕塑本身的空间;图像的位置等),但是时间不太明显,而这则是摄影和它现在体量更大的"远亲"——运动摄影、电影带来的革命的重要性之所在。通过摄影,人类开始参与对时间本身的操控:捕捉它,重构它,并通过延时、快进、慢动作和所有其他与时间有关的词组来创造它的变化,这对摄影的艺术和科学来说是名副其实的。

法国哲学家亨利·柏格森(Henri Bergson, 1859—1941)关于"时间"的研究对形形色色的艺术家产生了强烈的影响,包括摄影师、画家、作家、编舞家、摄像师。柏格森将时间置于形而上学的中心;对他来说,现实由绵延的流变构成,在本质上是时间的运动。"时间的本质即流逝,"他在其影响深远的著作《物质与记忆》(Matter and Memory, 1896)中写道,"我所谓的'我的现在',是一只脚踏在过去,另一只脚踏在未来。"艺术家和评论家抓住了这些观念,而且在整个西方世界,即使是通俗杂志也会讨论柏格森的时间观念,因为它们解决了人们普遍渴望理解的问题。对一直着迷于空间和时间中的身体的艺术家来说,他变成了捍卫直觉与感知之间交互的缪斯。讽刺的是,尽管柏格森的观念对艺术家来说是强有力的,但是他不屑于将技术引入艺术领域,并认为直觉带来的没有机器辅助的纯粹感知才是最重要的。

然而,自摄影诞生之初,艺术与技术就共同存在于一个重要的纽带中,这个纽带让双方在一百多年的时间里共同受益。20 世纪初在法兰西学院与柏格森同期任职的科学家和医师艾蒂安-朱尔·马雷(1830—1904),以及艺术家埃德沃德·迈布里奇(Eadweard Mubridge),都是瞬时摄影或"定时摄影"的

图 4 **埃德沃德·迈布里奇**,《自然:动物运动研究》(*La Nature: Studies in Animal Locomotion*),1878。

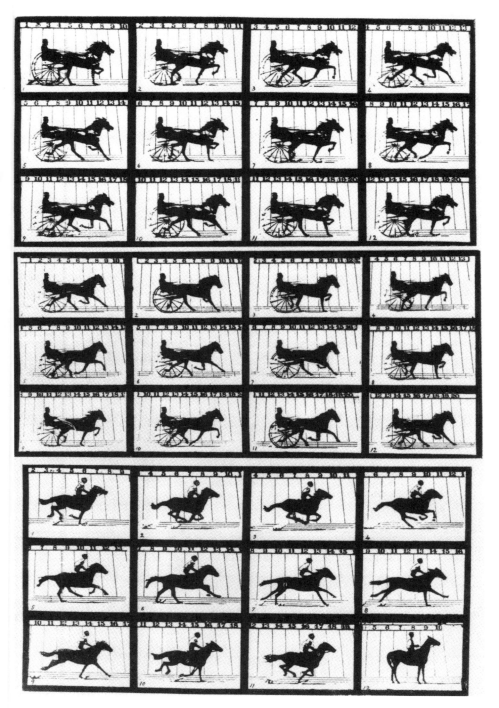

先驱。从未来主义者,特别是贾科莫·巴拉(Giacomo Balla),到马塞尔·杜尚、库尔特·施维特斯(Kurt Schwitters),以及20世纪中期的先锋电影制作人,像霍利斯·弗兰普顿(Hollis Frampton)和斯坦·布拉哈格(Stan Brakhage),瞬时摄影或"定时摄影"对艺术家产生了深远的影响。修拉(Seurat)、德加(Degas)和许多其他艺术家也被照相机通过静帧捕捉连续运动的能力深深吸引,但是他们的兴趣没有在他们的画布中直接体现。以未来主义者为代表的深谙机械美学的艺术家接受了摄影技术并将其运用到他们的绘画中。直到20世纪中期,正如我们应该看到的,艺术家利用了电影和录像的技术进步,创造了我们现在所知的多媒体艺术。

迈布里奇在1878年拍摄的运动中的马的照片首次捕捉到了看似真实的离散的运动序列。迈布里奇发明了通过多个照相机(在本例中是12个)排成一排并被安排在马跑过时依次触发

图5 **贾科莫·巴拉**,《拴着皮带的狗的动态》(*Dynamism of a Dog on a Leash*),1912。巴拉通过一系列细微的、放射状的对角线创造了运动的错觉。

来描绘马的运动速度的方法。他将细绳拴在快门上并横拉在马道上。当马跑到迈布里奇的每台照相机前时,快门被马跨过细绳的运动释放,以 1/200 秒的速度拍下一幅图像。当这些得到的图像被依次排列时,就展示出这匹马似乎在持续快速运动。迈布里奇后来使用多达 24 台照相机,试图完善运动捕捉。他的研究成果包括 11 卷本的《动物运动研究》(Studies in Animal Locomotion, 1888)。最初,他的照片被认为是科学研究的辅助,但是很快就被艺术家在研究人类和动物运动时利用。

1911 年,未来主义者卡洛·卡拉(Carlo Carrà)在《无政府主义者加利的葬礼》(Funeral of the Anarchist Galli)中描绘了运动。1912 年,贾科莫·巴拉画了非凡的《拴着皮带的狗的动态》。与他们类似,翁贝托·波丘尼(Umberto Boccioni)转向了摄影研究,学习如何通过重复来实现对运动的描绘。他的《骑自行车者的动态》(Dynamism of a Cyclist, 1913)证明了动态图像序列的戏剧性。

马塞尔·杜尚的《下楼梯的裸女 2 号》(Nude Descending a Staircas, No.2, 1912)是那个时代最具争议性的绘画之一,它从迈布里奇的一些研究中获得了直接灵感,也许尤其是《上下楼梯》(Ascending and Descending Stairs, 1884—1885),在这件作品中,可以看到一位女性提着一个水桶上下楼梯。

电影和先锋电影 I

尽管这些"时间研究"可能看似具有革命性意义,但是在大西洋彼岸,另一种捕捉运动的方式正在演化,这将标志着 20 世纪具有重要艺术影响之一的事物的出现:电影。20 世纪初的大众电影和前卫电影都对 20 世纪中叶的媒体艺术产生了深远的影响。

电影是在美国发明家托马斯·爱迪生(Thomas Edison, 1847—1931)的实验室里被开发出来的。爱迪生指派他的助手威廉·肯尼迪·劳里·迪克森(William Kennedy Laurie Dickson, 1860—1935)使用留声机作为模型,制作可以通过小观看器观看的运动图像。1890 年,迪克森制作了一种被称为电影摄影机(Kinetograph)的运动影像摄影机,一年之后又制作了被称为电影放映机(Kinetoscope)的观看器。到了 1895 年,以卢米埃尔

图 6 （上）埃德沃德·迈布里奇，《动物运动系列之上下楼梯》(Ascending and Descending Stairs from the series Animal Locomotion)，1884—1885。

图 7 （右）马塞尔·杜尚，《下楼梯的裸女 2 号》，1912。杜尚在自己对时间和四维空间的探索中抽象了迈布里奇对运动的研究。

兄弟为首的几位革新者已经将用胶片拍摄的电影投影到屏幕上，供公众付费观看。紧随其后的法国人乔治·梅里爱（George Méliès, 1861—1938），常被称为"第一位银幕艺术家"，将叠化、延时摄影和巧妙布光（电影摄影的精髓）引入《灰姑娘》（Cinderella）和《德雷福斯事件》（The Dreyfus Affair）等电影中。梅里爱1902年的电影《月球旅行记》（A Trip to the Moon）展示了一枚"火箭"落在"月球人"的眼睛里，看上去很像一部20世纪50年代科幻电影的片段。1903年，来自爱迪生实验室的埃德温·S. 鲍特（Edwin S. Porter）创作了《火车大劫案》（The Great Train Robbery）。在这部电影中，剪辑技术首次被用来建立连贯性和创造叙事张力。

电影艺术一经问世就吸引了许多从业者，他们为这种艺术形式做出了持续的贡献。早在1915年，美国人D.W.格里菲斯（D.W. Griffith, 1875—1948）就创作了史诗般的《一个国家的诞生》（The Birth of a Nation），一年之后又创作了《党同伐异》（Intolerance），交织在一起的四段叙事揭示了贯穿历史的虚伪的危险。其他早期导演的作品至今仍被国际电影界的艺术家借鉴，其中包括法国人路易·弗亚德（Louis Feuillade）和阿贝尔·冈斯（Abel Gance, 1889—1981），德国人F.W.茂瑙（F.W. Murnau, 1888—1931）和弗里茨·朗（Fritz Lang, 1890—1976），瑞典人维克多·斯约史特洛姆（Victor Sjöström），英国出生的查理·卓别林（Charlie Chaplin, 1889—1977），以及俄国人谢尔盖·爱森斯坦（Sergei Eisenstein, 1898—1948）。

爱森斯坦的作品很明显是苏联先锋时期（约自1915年至1932年）艺术、技术与生活之间动态相互作用的产物。他是新型媒体艺术家的代表，曾接受过数学、工程和艺术方面的训练，年轻时有几年担任了俄国先锋导演弗谢沃洛德·梅耶荷德（Vsevolod Meyerhold, 1874—1940）的剧场设计师。爱森斯坦表达了他与构成主义和立体主义的联系，完善了电影蒙太奇技术（由D.W.格里菲斯首创），这使他能够通过生动的电影剪辑过程来操控情感反应。爱森斯坦寻求与马克思主义下的新世界图像对应的新观看方式。他的艺术显然比孕育他艺术的政治斗争更长久。电影评论家斯坦利·考夫曼（Stanley Kaufmann）在关于《战舰波将金号》（The Battleship Potemkin, 1925）的写作中指出,爱森斯坦"觉得,一个新社会意味着一种新视野;人们看待事物的方式必须改变,用老眼光看待新材料是不够的"。

在某种意义上说,鉴于爱森斯坦的工程技术背景,他是技术艺术家的完美典范。他认为自己的电影是完全功利、理性和唯物主义的,声称自己只是将在数学和工程中学到的知识应用到电影制作中。如果说俄国先锋的特点是弗拉基米尔·塔特林(Vladimir Tatlin)将艺术视为一种工业过程的观点与卡西米尔·马列维奇(Kazimir Malevich)和瓦西里·康定斯基(Vasily Kandinsky)在美学上以艺术"纯粹感觉"为基础的观点之间的张力,那么爱森斯坦就会站在塔特林一边。尽管如此,例如他的电影《战舰波将金号》的效用(作为一种激发群众支持革命的工具)消失很久之后,仍然因其情感巅峰的绝对能量、坚定不移的画面和艺术性而预示着未来。

爱森斯坦的动态影像通过不同的拍摄角度和复杂的蒙太奇剪辑来完成,这在很大程度上要归功于立体主义的碎片形式。在立体主义中,现实的多重视角(同时从上方和侧面重复分层观看)允许对现实的多重理解。现代主义的这一重要特征,即通过改变感知来增强感知,在 20 世纪 20 年代和 30 年代的俄国摄影和电影摄影中找到了归宿。俄国电影制作人吉加·维尔托夫(Dziga Vertov,1896—1954)虽然在历史上被爱森斯坦的光芒掩盖了,但是他在《持摄影机的人》(The Man with the Movie Camera,1929)等具有强烈政治色彩的电影中对蒙太奇技巧的发

图 8 **谢尔盖·爱森斯坦**,静帧来自《战舰波将金号》,1925。艺术家和工程师谢尔盖·爱森斯坦在电影中将科学的精确与艺术的画面结合起来,他认为这些电影推进了布尔什维克革命的事业。

展同样具有影响力。

同一时期，法国长达一个世纪之久的先锋电影传统正在形成，并受到路易·德吕克（Louis Delluc, 1890—1924）写作的强烈影响。德吕克呼吁一种"纯粹"电影，就像一首"基于影像的交响诗"，以区别于当时在美国、法国和德国电影中占主导地位的情节剧。抽象艺术、立体主义和拼贴在视觉艺术家曼·雷 [Man Ray,《回归理性》(Return to Reason), 1923] 和费尔南·莱热 [Fernand Léger,《机械芭蕾》(Le Ballet Mécanique)] 以及电影制作人雷内·克莱尔 [René Clair,《幕间节目》(Entr'acte), 1924] 和路易斯·布努埃尔 [Luis Buñuel,《黄金时代》(L'Age d'Or), 与萨尔瓦多·达利合作, 1930] 的电影中都有出现。阿贝尔·冈斯或许是杜拉克（Dulac）"电影诗"的最佳代表，他的电影包括《迪布博士的疯狂》(Dr Tube's Mania, 1915)、《我控诉》(J'accuse, 1919)、《轮》(La Roue, 1922)，特别是他的代表作《拿破仑》(Napoléon, 1927)。早期先锋电影的其他例子包括罗伯特·维内（Robert Wiene）执导的德国表现主义经典电影《卡里加里博士的小屋》(The Cabinet of Dr Caligari, 1919)，以及日本导演衣笠贞之助（Teinosuke Kinugasa）执导的《疯狂的一页》(A Page of Madness, 1926)。

这样，到 20 世纪初，1878 年迈布里奇首次实现的运动影像摄影已经进化成为机械制造运动的"幻觉"，即电影。在短短几年内，诗影像的美学得到了发展。在拉兹洛·莫霍利 - 纳

图 9　**吉加·维尔托夫**，静帧来自《持摄影机的人》, 1929。吉加·维尔托夫与爱森斯坦一起在新俄国创造了"辩证蒙太奇"，即为"解放大众视野"而使用多种影像。

图10 拉兹洛·莫霍利-纳吉,《灯光道具》(Lightprop),1922。来自电影《光影游戏:黑/白/灰》(Ein Lichtspiel: Schwarz/Weiss/Grau),1922—1930。

吉(László Moholy-Nagy)和他的同行阿尔弗雷德·斯蒂格里茨(Alfred Stieglitz)的静止摄影的协助下捕捉到的(或拍摄到的)图像作为一种艺术形式具有了不可否认的合法性。随着艺术与生活之间的主题二分法在无处不在的机器面前逐渐消解,以静止摄影和电影为代表的艺术与技术永远纠缠在了一起。

从20世纪20年代末到40年代,随着电影越来越由好莱坞主导,国际先锋电影逐渐衰落,直到20世纪50年代才多多少少在美国重新开始。与此同时,视觉艺术在欧洲达达主义者尤其是马塞尔·杜尚(1887—1968)实践的影响下经历了彻底的转变,杜尚之于艺术和新媒体问题的重要性是首要的。

从杜尚到凯奇再到激浪派

一个人对马塞尔·杜尚的感受,基本上就是他对大量当代艺术的感受,杜尚的影响就是如此深远。他跳出了任何艺术观念的束缚,用他的现成品(他选择作为艺术展出的车轮、铲子和衣架),将"什么是艺术"这一问题推向了最深层次。杜尚制作了大量作品,从绘画到混合媒体 [《大玻璃》(The Large Glass),又名《新娘甚至被光棍们扒光了衣服》(The Bride Stripped Bare by Her Bachelors, Even),1915—1923] 到装置 [《玄机》(Étant donnés),1946—1966] 再到电影 [《贫血的电影》(Anemic Cinema),1926]。杜尚将重点从物品彻底转移到观念上,为一个被重新定义的艺术事业引入了多种方法。他对当下研究的重要

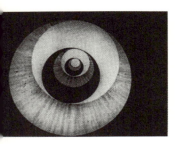

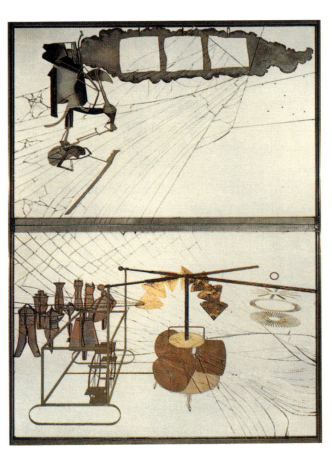

图11 (上) **马塞尔·杜尚**,《可选圆盘10号》(Optional disc No. 10),来自《贫血的电影》,1925—1926。

图12 (右) **马塞尔·杜尚**,《大玻璃》(又名《新娘甚至被光棍们扒光了衣服》),1915—1923。对杜尚来说,像巧克力研磨机这样的日常物品(在这件玻璃作品的下部可以看到),充满了人造的几何设计,将他从他所谓的"立体主义的束缚"中解放出来。

性不仅在于他所做的，而且在于他在艺术中允许的和发起的。他鼓励的思维方式使得对不同媒体和艺术形式的探索都显得非常自然，符合预期。特别是对那些认为艺术的"交易"令人厌恶的人来说，杜尚对材料和形式的自由态度使物品脱离了商业吸引力，至少最初是这样，因为重要的是观念，而且当时还不清楚如何销售观念［后来的所谓观念艺术家，像索尔·勒维特（Sol LeWitt）、唐纳德·贾德（Donald Judd）和约瑟夫·科苏斯（Joseph Kosuth），想出了办法。］。

对 20 世纪 50 年代末和 60 年代的艺术家来说，他们在思考艺术由什么构成方面或多或少都受到了杜尚的影响，没有什么材料不能作为个人表达的手段。约瑟夫·博伊斯（Joseph

图 13 （下左）**约瑟夫·博伊斯**，《毛毡西装》（*Felt Suit*），1970。

图 14 （下右）**罗伯特·劳森伯格**，《床》（*Bed*），1955。

Beuys，1921—1986）——曾批评杜尚缺乏政治参与——展出了毛毡西装；罗伯特·劳森伯格（Robert Rauschenberg）将枕头和被子贴在画布上。

到 20 世纪 50 年代末，正是像杜尚这样的艺术反传统者产生广泛影响的时候，特别是在美国影响更甚，他第二次世界大战之后就永久定居在那里。年轻的美国艺术家们已经厌倦了抽象表现主义的霸权，其粗犷、形式的风格已经成为美国艺术的同义词。艺术界出现了一种烦躁不安，这表现在波普艺术的出现和约翰·凯奇（John Cage, 1912—1992）及其黑山学院合作者的多媒体实验中，他们包括罗伯特·劳森伯格、舞蹈家/编舞家梅尔塞·坎宁安（Merce Cunningham）和音乐家大卫·都铎（David Tudor）。此外，到 1950 年，包括杜尚在内的欧美达达主义者的重要写作已由罗伯特·马瑟韦尔（Robert Motherwell）收集出版并广为人知。

凯奇将东方哲学和实验音乐[继承自阿诺德·勋伯格（Arnold Schönberg）等人]融为一体，通过先后在黑山学院和纽约的社会研究新学院任教，开始对年轻艺术家产生巨大的影响。在社会研究新学院，他的新音乐课程吸引了艾伦·卡普罗（Allan Kaprow, b.1927）和迪克·希金斯（Dick Higgins, b.1938）等未来的表演艺术家。基于对《易经》和禅宗的研究，凯奇强调艺术中的"偶然"元素是一种有效创作作品的方法。他的音乐作曲融合了来自街道的环境噪声，通过敲击钢琴木板和琴弦制造的声音，以及独特的寂静（《4 分 33 秒》，1952）。他的观念在他的搭档梅尔塞·坎宁安的编舞中得到了体现，其复杂的舞步反映了非连续运动的精髓。

有了艺术作为一种观念以及偶然在生活和艺术中的作用的概念，艺术家已经准备好迎接一次以激浪派（Fluxus）为典范的创造力的大爆发。激浪派是 20 世纪 60 年代兴起的一场"跨媒体"运动，开创了表演、电影乃至录像中的多种创新形式。激浪派是由立陶宛出生的挑衅者乔治·麦素纳斯（George Maciunas, 1931—1978）领导的一场由艺术家、作家、电影制作人和音乐家组成的国际运动。他组织了早期的激浪派活动，最初在纽约的 AG 画廊（AG Gallery, 1961），然后 1962 年开始在欧洲的艺术节上举办。在精神上与达达主义相似（麦素纳斯的宣言将其描述为"音乐、戏剧、诗歌、艺术中的新达达主义"），激浪派作为一种先锋艺术，是反艺术的，尤其反的是作为博物馆和藏家专有财产的艺术。它对高级现代主义的严肃进行了嘲讽，并试图跟随杜尚，明确激浪派所认为的是日常物品、事件与艺术之间的重要纽带。他们将这一观念体现在极简而易懂的表演中。德裔美国艺术家乔治·布莱希特（George Brecht）将激浪派事件定义为一个情境的最小单位。其中之一由艺术家盐见允枝子（Mieko Shiomi）设计，被描绘为"一个打开事件"。该事件只是"一个打开被封闭的东西的邀请"。参与者被要求详细写下在他们的"事件"中发生的内容。这一简单的任务要求成了反对博物馆艺术高高在上的声明，也成了人们聚集在一起进行表演的参与式行动。

同样，被约翰·凯奇称为"总谱"的极简音乐作曲，在管弦乐或表演环境中剥去一切技巧，只要求关注微小的细节。拉蒙特·扬（LaMonte Young, b.1935）的《为大卫·都铎所作钢琴曲#2》（*Piano Piece for David Tudor #2*, 1960）中包含了这段描述："打开键盘盖，在操作过程中不要发出任何你能听到的声音。请尽情尝试。"这些极简指令，无论是否具有所谓的音乐性，呈现在所有的激浪派表演中，都为事件打开了多种解释和偶然。在这些事件之一中，任何事情都有可能发生，这导致偶然事件并需要多重解释。观众成为参与者（或同谋），不再是被动的旁观者。因此，激浪派活动成为杜尚的观众完成艺术作品的论断的完美体现。事实上，通过激浪派，在他或她直接参与该事件的过程中，观众不仅完成了艺术作品，而且实际上也成了艺术作品的一部分。

继承自具象诗、达达主义宣言和实验音乐的极简美学开始发展，并拓展到电影领域，成为媒体艺术发展中的一个重要因素。与激浪派有关的一些艺术家（其中几位是电影制作人）创作了约四十部被称为"激浪电影"（Fluxfilm）的短片。作为一部典型的激浪电影，白南准（Nam June Paik）的《电影禅》（*Zen for Film*, 1962—1964）在激浪厅（麦素纳斯在纽约坚尼街的公寓）中进行了展示。白南准的电影实际上是一件早期装置（由家庭电影屏幕、立式钢琴和双低音提琴组成的一组物品），它同大型电影制作的整体机制（从昂贵的电影胶片到灯光、置

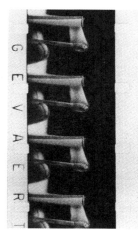

景、视效剪辑、营销等）背道而驰。该电影只不过是将大约一千英尺长的透明16毫米片头未经处理地映射到银幕上，时长30分钟。白南准的无影像投影将胶片剥离到最基本的层面（即胶片本身），成为所有激浪电影遵循的极简主义典范。

美国电影作家和策展人布鲁斯·詹金斯（Bruce Jenkins）提出了一个有说服力的观点，白南准颠覆了人们对电影观看的常规期待，"在放映语境中注入了表演的面向，并在该过程中将观众从商业电影和另类电影的操控中解放出来"。没有图像或声音，白南准的电影成了观众自由联想的白板。随着该电影的每次加映，投影出现胶片的划痕、灰尘和其他偶然事件不可避免地会发生，因此使得该电影每次都以某种方式焕然一新地呈现。

图15（上）**小野洋子**，《来自电影<1号>（激浪电影14号）的电影胶片-灯光》[*Filmstrip from Film No.1 (Fluxfilm No.14)-Lighting Piece*], 1955/1966。

图16（下）**白南准**，《电影禅》，1964。极简主义的空间美学甚至被激浪派的反传统艺术家采用。在此，白南准在一个电视机中投影了透明胶片片头。

激浪派艺术家和摄影师彼得·摩尔（Peter Moore, b.1932），使用一台高速慢动作摄影机创作了《面孔的消逝乐曲》（*Disappearing Music for Face*, 1966）。这件作品基于盐见允枝子的另一个表演总谱（全文如下："表演者以一个微笑开始创作作品，在作品创作过程中，逐渐变微笑为不笑"），另一位激浪派艺术家小野洋子（Yoko Ono, b.1933）是这部电影的主角。在特写中可以看到小野的嘴巴、下颌和脸颊揭示了发生在电影中的

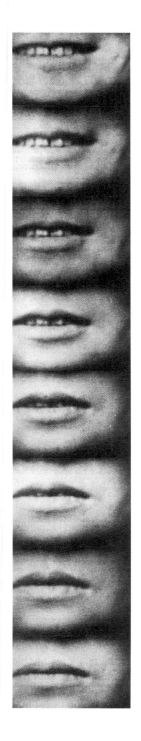

表情的细微变化。该电影仅用 8 秒胶片时间完成拍摄,以慢动作投影放映,时长 11 分钟。

小野面孔的另一个片段,这次是她的右眼,作为《眨眼》(*Eyeblink*, c.1961) 的主角,内容如其标题所示,是最极简的行为。小野自己的电影《1 号》(*No.1*, c.1964) 使人想起哈罗德·金顿 (Harold Edgerton) 的静止摄影,它以慢燃火柴为主角,暗示即使最极简的艺术也可能有危险的一面。

到了 1966 年,激浪派已经制作了一系列电影,其基本性质 (也被称为本质主义) 对观众在观看电影时产生的所有常见联想提出了质疑,包括作为被观察者 (比如《面孔的消逝乐曲》结尾处小野凝视着摄影机)。乔治·麦素纳斯创作了自己的电影《10 英尺》(*10 Feet*, 1966),完全由 10 英尺的透明片头构成。其他激浪电影包括乔治·布莱希特的《入口-出口》(*Entry-Exit*, 1965),其中一个镜头是在一面普通的白墙上出现"入口"一词,随后逐渐变暗再变亮,露出"出口"一词;以及詹姆斯·里德尔 (James Riddle) 的《九分钟》(*Nine Minutes*, 1966),其中黑色的屏幕上每分钟出现一个模板数值。

尽管激浪电影通常被认为是对主流电影甚至先锋电影的批判,但是它们也以其简洁性和趣味性为电影制作注入了新的活力。从我们的排除来看,很清楚的是,白南准的《电影禅》或迈克尔·斯诺 (Michael Snow) 的《波长》(*Wavelength*, 1967) 等激浪电影,虽然表面上关注的是电影和电影技术的本质,但其本身也是极富诗意和引人深思的作品。尽管对他们来说,艺术或生活中没有任何东西是神圣的,但激浪派却能在他们艺术的日常材料中找到意义 (无论是他们的身体,还是他们钢琴的琴弦,或是他们电影的片头)。

在电影方面,激浪派的一些靶子是颇具影响力的法国新浪潮电影制作人,尤其是让-吕克·戈达尔 (Jean-Luc Godard, b.1930) 和美国人斯坦·布拉哈格 (b.1933)。戈达尔是政治/诗艺术电影的代表,布拉哈格是个人/诗艺术电影的代表,他们的电影对激浪派来说是先锋两极的精英策略。并非每个人都是激浪派,无论如何,先锋电影在 20 世纪中叶蓬勃发展,一如从前。

图 17　**盐见允枝子**,《面孔的消逝乐曲》,1966。

电影和先锋电影 Ⅱ

电影实验的热潮在 20 世纪 50 年代、60 年代达到了顶峰，先是在美国，后是在法国。伊士曼柯达公司（Eastman Kodak Company）于 1923 年推出了供业余爱好者使用的 16 毫米胶片，但是这种胶片对大多数独立艺术家来说仍然过于昂贵。到 20 世纪中叶，随着这种胶片的使用越来越普遍，尽管数量仍然相对较少，但是艺术家已经开始制作电影。其中最具影响力的有美国人斯坦·布拉哈格、肯尼思·安格（Kenneth Anger）、霍利斯·弗兰普顿、玛雅·黛伦（Maya Deren，生于俄国）、杰克·史密斯（Jack Smith）、布鲁斯·康纳（Bruce Conner）、玛丽·门肯（Marie Menken）、安迪·沃霍尔、帕特·奥尼尔（Pat O'Neill）、乔丹·贝尔森（Jordan Belson）、约翰·惠特尼（John Whitney），加拿大人迈克尔·斯诺，以及希腊裔美国人格雷戈里·马科普洛斯（Gregory Markopoulos，1928 — 1992）。

美国电影史学家大卫·詹姆斯（David James）在他的《电影寓言》（*Allegories of Cinema*, 1989）一书中指出，这些电影制作人中的大多数，其中有几位是从其他媒体转入电影制作的，都将画家关注的问题带到了电影中。其中包括运动和持续时间的再现，以及"非常态心理状态"的表达。后者可以有任何艺术形式（诗歌、小说、戏剧），而前者则源于摄影技术的本源技巧。技术在被艺术家采用后得到了改进，但技术是首要的。正如我们将会在后面章节中看到的，詹姆斯指出，从其他形式转向技术媒体的艺术家通常会将他们在绘画或雕塑上的关注点转移到新媒介上，无论是电影、录像，还是数字艺术。当然，其他艺术家从一开始就参与了新媒体，而不是将其作为一种次要实践。

马科普洛斯和沃霍尔是各种方法实践的典范。格雷戈里·马科普洛斯少年时曾师从好莱坞导演约瑟夫·冯·斯坦伯格（Josef von Sternberg），马科普洛斯将这位电影制作人称为诗人，人们也可以用诗人这个词来形容斯坦·布拉哈格。18 岁时，马科普洛斯开始拍摄至今仍被视为先锋电影经典的三部曲《血、快乐和死亡》（*Du sang, De la Volupté et De la Mort*, 1947 — 1948）。在随后的《乡村少年》（*Swain*, 1950）、《两度人生》

图18 (下左) **安迪·沃霍尔**,《吻》(*Kiss*),1963。

图19 (下右) **安迪·沃霍尔**,《吃》(*Eat*),1964,与罗伯特·印第安纳 (Robert Indiana) 合作。沃霍尔的早期电影再现了艺术家对时间的操控。重复、定格、长时间固定摄影机镜头以及迟缓的投影速度都在共同改变观众对时间的体验。

(*Twice a Man*, 1963) 和《神秘事件》(*The Mysteries*, 1968) 等电影中,他独创性地运用了色彩、构图、节奏和断裂的时间结构。马科普洛斯的电影常常受到希腊神话经典作品的启发,他以经济手段探索抽象叙事,将自己的发明融入其中,包括镜头内剪辑,这是一种激进的、基于单帧而非单镜头的方法。根据埃斯库罗斯的《被缚的普罗米修斯》(*Prometheus Bound*) 改编的《伊利亚克的激情》(*The Illiac Passion*, 1964—1967),由几位20世纪60年代的著名地下名人扮演神话人物:安迪·沃霍尔扮演波塞冬,杰克·史密斯扮演俄耳甫斯,泰勒·米德 (Taylor Meade) 扮演精灵,肯尼斯·金 (Kenneth King) 扮演阿多尼斯,理查德·博韦 (Richard Beauvais) 和大卫·博韦 (David Beauvais) 兄弟扮演普罗米修斯和他的良心。1967年移居欧洲后,马科普洛斯制作了一百多部电影,其中许多仍未付梓。

先锋电影制作人仍在继续使用16毫米胶片,但是规模已经大大降低,取而代之的是可以转换成胶片的数字视频。生于美国的罗伯特·比弗斯 (Robert Beavers, b.1949) 在《绘画》(*The Painting*, 1977—1997) 和《Efpsychi》(1997) 等电影中探索人类形式、视觉艺术和建筑之间的抽象联系。美国人劳伦斯·布罗斯 (Lawrence Brose, b.1951) 在其抽象16毫米电影《自深深处》(*De Profundis*, 1997) 中探究了奥斯卡·王尔德 (Oscar Wilde)

图20 （对页）**格雷戈里·马科普洛斯**，《伊利亚克的激情》，1964—1967。
杰拉德·马兰加（Gerard Malanga）饰演盖尼米得，保罗·斯万（Paul Swan）饰演宙斯。格雷戈里·马科普洛斯没有沃霍尔那么"酷"（或心不在焉），他拍摄的是所谓的"情感景观"，色彩和构图丰富，并通过自己的镜头内剪辑设备进行增强。

图21 （右）**罗伯特·比弗斯**，《绘画》，1977/1997。
波士顿美术馆收藏的《圣希波吕托斯的殉道》（*The Martyrdom of St. Hippolytus*）侧联的细节。延续20世纪60年代形式实验的精神，比弗斯将图像并置来创造情感张力。马背上的人物是正在撕扯圣人的刽子手之一，而下面的年轻人（比弗斯自己）则透过窗户紧张地张望。

图 22. 让-吕克·戈达尔，两幅静帧来自《蔑视》(Le Mépris)，1963。

让-吕克·戈达尔深受俄国革命导演尤其是吉加·维尔托夫的影响，创作了一部建构在他称为"声音、影像和文本"基础上的个人和政治的电影。

的美学和欲望观念。美国人厄尼·格尔（Ernie Gehr, b.1941）自1967年起拍摄了二十多部16毫米实验电影。在《平静的速度》(Serene Velocity, 1970) 中，他将摄影机对准了一栋办公楼的走廊。在这部长达23分钟的电影中，除了格尔的摄影机镜头之外，没有任何东西移动过，他每1/4秒就在变焦设置和正常设置之间切换一次，因此给人一种走廊在晃动的感觉。

安迪·沃霍尔（1928—1987）是从另一种媒介走向电影的艺术家的代表。他被熟人乔纳斯·梅卡斯（Jonas Mekas）和杰克·史密斯（Jack Smith）的"地下"电影吸引，在1963年开始制作电影。作为一位设计师和版画家［例如《100个金宝汤罐头》(100 Campbell's Soup Cans, 1962) 或《35 个杰奎琳》(35 Jackies, 1963)]，沃霍尔显然对艺术物品的可复制性非常着迷；作为摄影师，沃霍尔自然被运动摄影机吸引。他对成名并没有免疫力，说得客气一点，深知"电影"是最诱人的成名之路。1963 年至 1968 年间，他拍摄了六十多部电影，其中许多是地下电影的经典之作。比如在电影《睡眠》(Sleep, 1964) 中，演员约翰·焦尔诺（John Giorno）在一个固定摄影机前睡了 6 个小时；在《吻》中，有情侣接吻的长时间特写；在《吃》中，艺术家罗伯特·印第安纳慢慢吃掉了一个蘑菇。在这些电影中，沃霍尔将真实时间和电影时间混合在一起，让观众感到困惑。随着沃霍尔的电影找到了进入合法影院的方式，他很快从地下走向地上。他还将剪辑、帧的重复和结构张力等电影技巧运用到画布上。在为女演员玛丽莲·梦露（Marilyn Monro）和伊丽莎白·泰勒（Elizabeth Taylor）创作的著名肖像中，他还将好莱坞的传奇与先锋艺术结合在一起，同时将自己与这二者结合在一起。

生于瑞士的让-吕克·戈达尔在商业电影和先锋电影之间占据着一个令人不安的位置。自 20 世纪 50 年代末起，他在

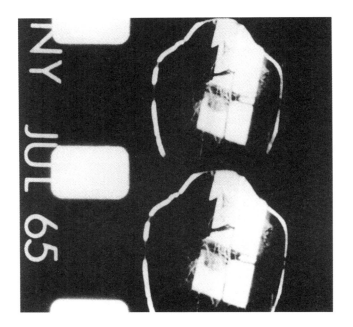

图 23　肯·雅各布斯，《窗》(Window)，1964。

对雅各布斯来说，"地下电影有一段时间是一个时髦术语。那些从事创作的人身上有一种明星的光芒。明星让那些人疯狂，而缺乏明星则让我们其他人疯狂。"

七十多部电影和全长录像中反复质疑电影本身的性质。他的持续项目《电影史》[Histoire(s) du cinema，始于 1989 年] 是一个电影与录像的组合。在这个项目中，他通过多层次的图像，与叠加的文本和响亮的音乐交织在一起，追溯了整个世界电影史。对戈达尔来说，蒙太奇揭示而非混淆了更深层次的真相。

直到最近才受到评论家关注的 8 毫米胶片推出于 1932 年，是当时最廉价的替代选择，战后在爱好者和艺术家中都很受欢迎。跟随 16 毫米的足迹，8 毫米胶片更像是对好莱坞过度行为的抗议。这种摄影机小巧、廉价、便于携带，成为被商业系统拒之门外的艺术家表达个人情感的手段。它还吸引了那些以电影媒体为业的艺术家，而非在从事主要媒介时偶尔一用的艺术家。

肯·雅各布斯（Ken Jacobs）、索尔·莱文（Saul Levine）、乔治·库查（George Kuchar）和迈克·库查（Mike Kuchar）、乔·吉本斯（Joe Gibbons）、刘易斯·克拉尔（Lewis Klahr）、罗伯特·C. 摩根（Robert C. Morgan）以及斯坦·布拉哈格等与许多其他艺术家一起，用 8 毫米存货创作了独特而私密的电影。

肯·雅各布斯创作了一些奇特的、使用演员 [《冬季的天空》(Winter Sky, 1964)] 和家庭成员 [他和妻子在《我们偷走了》(We Stole Away, 1964) 中度过蜜月] 拍摄的日记体电影。在《窗》中，小型摄影机成为艺术家身体的延伸。索尔·莱文的《索尔的围巾》(Saul's Scarf, 1966—1967) 和《给帕蒂的信》(Note to Pati, 1969) 也是类似的诗意个人叙事，节奏往往很快。尤其令人难忘的是《给帕蒂的信》在雪中拍摄的场景，因为它们捕捉到了纯真和青春。

8 毫米胶片的使用一直持续到 20 世纪 90 年代。佩吉·亚维许（Peggy Ahwesh, b.1954）的《碎片项目》(The Fragments Project, 1984—1994) 包含了对她个人生活中的人物的私密观察。更加抽象的是斯科特·斯塔克（Scott Stark）的《加速度》(Acceleration)，它从一台静止摄影机的角度捕捉了一列行驶中火车的轨迹。

16毫米和8毫米的摄影机便于携带，可供艺术家持有、租用或借用。许多人这样做，不仅是为了创作实验电影，而且是为了记录他们在工作室中的工作或用于表演。然而，很快，更便携、更经济实惠的索尼Portapak摄像机面世了，媒体艺术从此开启了新的篇章。

图24　斯科特·斯塔克，《加速度》，1993。
对像斯科特·斯塔克这样的艺术家来说，8毫米胶片是一种便携且经济实惠的接近更昂贵胶片的质感和丰富色彩的手段。

第一章

媒体和表演

1949年，画布被美国人杰克逊·波洛克[Jackson Pollock,《1号》(No.1)]进行滴淌、泼洒，被阿根廷出生的卢齐欧·封塔纳[Lucio Fontana,《空间概念》(Concetto Spaziale)]划破，被日本人嶋本昭三[Shozo Shimamoto,《作品孔》(Work [Holes])]刺破。美国策展人保罗·席美尔（Paul Schimmel）认为，在这些数月之内完成的绘画中，由于绘画行为比绘画主题更重要，艺术的面貌发生了改变。包括艾伦·卡普罗、乔治·马修（Georges Mathieu）、伊夫·克莱因（Yves Klein）、田中敦子（Atsuko Tanaka）、奥图·穆尼（Otto Muehl）、君特·布鲁斯（Gunther Brus）、约瑟夫·博伊斯、让·丁格利（Jean Tinguely）、妮基·桑法勒（Niki de Saint Phalle）、罗伯特·劳森伯格和皮耶罗·曼佐尼（Piero Manzoni）在内的一支世界性艺术家队伍，很快将波洛克的手势艺术扩展到了实际的表演、偶发艺术和事件中。20世纪60年代的社会革命和性革命在艺术中得到了体现，艺术从画布转向了将观众融入艺术作品的行动。对当时的美国艺术家来说，从"行动绘画"（杰克逊·波洛克的全面自由使用颜料）到"行动"本身作为一种艺术形式，仅有一步之遥。由于对评论家克莱门特·格林伯格（Clement Greenberg）将抽象表现主义奉为圭臬的做法感到失望，同时也为了在时代精神的指引下寻求更多的表达自由，来自纽约的艺术家和不久之后来自加利福尼亚的艺术家都宣布拒绝画布。1958年，艾伦·卡普罗在《艺术新闻》(Art News) 上撰文指出："波洛克这一对传统绘画近乎破坏的行为，很可能是回到了艺术更积极地参与仪式、魔法和生活的阶段。"尽管行为艺术的形式多种多样，从1955年白发一雄（Kazuo Shiraga）在泥泞中爬行，到1977年扬·格里戈雷斯库（Ion Grigorescu）独自在罗马尼亚森林中尖叫；但是本章将讨论电影和录像在各种表演语境中的使用。

20世纪60年代的多媒体表演

表演并非仅与画布有关：戏剧、舞蹈、电影、录像和视觉艺术之间的交叉融合对行为艺术的诞生至关重要。20世纪60年代，杰德森教堂的艺术家（一个由编舞家和表演艺术家组成的颇具影响力的团体）在纽约开展的舞蹈和媒体实验也扩展到了视觉艺术家中，其中最主要的是罗伯特·劳森伯格，他是艺术与技术结合的早期倡导者。1960年，劳森伯格遇到了比利·克鲁弗（Billy Klüver）。克鲁弗是一位电子工程师和声音行家，曾与多位艺术家合作，最著名的是在让·丁格利的自毁机器《向纽约致敬》（Hommage à New York）中的合作。1965年，克鲁弗与约翰·凯奇和梅尔塞·坎宁安合作，举办了最早的多媒体舞台活动之一《变奏V》（Variations V）。克鲁弗在该活动中设计了一套声音系统，通过一套光电电池和麦克风的复杂系统，对运动、声音和投影做出反应，如此产生的声音成为舞者的一种配乐。斯坦·范德比克（Stan Vanderbeek）的一部电影和白南准的录像影像也以此为特色。评论家索克·丁克拉（Söke Dinkla）指出，这套系统预示了自20世纪90年代初起在戏剧和舞蹈中常见的由计算机控制的现场表演与音效之间的交互。

图25　**罗伯特·劳森伯格**在第六十九团军械库举行的《9夜：戏剧与工程》中的表演《开放记分（嘭）》[Open Score (Bong)]的照片，纽约，1966年10月14日。
劳森伯格的《开放记分（嘭）》是画家弗兰克·斯特拉（Frank Stella）与职业网球运动员米米·卡纳霍克（Mimi Kanarek）之间的一场网球比赛，比赛中使用了有线发声球拍以及表演志愿者红外图像的录像投影。

图 26 （上）**迈克尔·斯诺**，电影静帧来自《波长》，1967。

图 27 （对页上）**卡洛琳·史尼曼**，《雪》（Snows），1967。
史尼曼在她的作品中将自己的身体作为"材料"。"我希望我的真实身体与作品结合在一起，作为一种不可或缺的材料。"虽然认为自己是一位画家，但是她常常在作品中使用摄影、电影和录像。

图 28 （对页下）**卡洛琳·史尼曼**，《生命之绳》（Mortal Coils），1994—1995。

劳森伯格是凯奇和坎宁安的亲密伙伴，他与凯奇、坎宁安以及其他编舞家，包括露辛达·查尔斯（Lucinda Childs）和黛博拉·海伊（Deborah Hay），一起受邀参加 1966 年夏天举办的斯德哥尔摩艺术与技术节（Art and Technology Festival）。尽管斯德哥尔摩之旅最终未能实现，但是劳森伯格和他的伙伴仍然将他们于 1966 年 10 月在纽约发展起来的"9 夜：戏剧与工程"（Nine Evenings: Theater and Engineering）搬上了舞台，这是一场在纽约东区六十九团军械库的建筑物中举办的具有开创性意义的表演和媒体活动。在劳森伯格的表演《开放记分（噔）》中，约五百位志愿者聚集在一个完全黑暗的赛场，表演一些简单的姿势，这些姿势由红外摄像机记录并投影到三个大屏幕上。此外，还展示了表演者用无线电传送球拍打网球时飞奔运动的投影。当灯光亮起时，表演者已经离开了，这就是观众看到的全部。艺术家对新技术可能性的喜悦才是主要事件。在表演作品《油毯》（Linoleum, 1966）中，劳森伯格穿了一件塑料西装，在克鲁弗的帮助下连接声音装置，投影一部他根据水上休闲运动和

军用飞机演习的镜头制作的电影。他与克鲁弗的合作促使他们在 1967 年成立了 EAT[艺术与技术实验（Experiments in Art and Technology）]，这是艺术家与工程师之间一次持久而影响深远的合作。

劳森伯格和他的合作者，特别是编舞家崔莎·布朗（Trisha Brown）、黛博拉·海伊、史蒂夫·帕克斯顿（Steve Paxton）和露辛达·查尔斯，继续在各种空间举办活动，往往空间本身决定了表演的性质。电影人电影资料馆[其名称反映了法国新浪潮电影导演让-吕克·戈达尔、弗朗索瓦·特吕弗（François Truffaut）等人的影响]就是这样一个场所。在罗伯特·惠特曼（Robert Whitman, b.1935）的作品《修剪平整》（*Prune Flat*, 1965）中，现场表演者与拍摄的影像（通常是他们自己）进行交互，这些影像被投影到表演者身上和他们身后的屏幕上。因此，画家出身的惠特曼将画布的平面性移植到银幕的平面性上，他试图在银幕上将时间关系（电影再现的过去，表演者手势中的现在和未来）在空间语境中视觉化。同年，加拿大艺术家迈克尔·斯诺（b.1929）通过录像表演《正确读者》（*Right*

图 29　**罗伯特·惠特曼，《修剪平整》**，1965。
在纽约电影人电影资料馆的表演。照片展示的是同一活动最近的重建情况。照片：版权所有 ©1976，芭贝特·曼格尔特（Babette Mangolte），保留所有复制权。

Reader）在字面上处理了艺术中电影的作用。在这件作品中，斯诺站在有机玻璃框架后面，仿佛置身电影之中。他随着自己的录音动嘴唇，在录音中他评论了电影有时平庸的性质。我们以为他在实时讲话，但很快我们就意识到他没有：整个体验，像电影一样，是一种基于技术的人为设计的体验。斯诺在电影和录像表演中对摄影摄像机的创新使用也值得一提。他创造了一种球形机器，可以将摄影摄像机旋转360度；并且在《波长》（1967）中，他将摄影摄像技巧（"左右摇摄""左右移摄"和"前后推拉"）作为影片的主角。

1967年，杰德森教堂的编舞家之一黛博拉·海伊演出了媒体和表演史上的一部重要作品。《第一组》（Group One）的部分内容是将一部黑白电影投影到画廊空间的一角。身着深色西装和礼服的男女在展示日常行走方式时，虽然经过编排，但是仍保持了他们的自然状态。该电影结束后，其他表演者现场表演了类似的序列。美国历史学家迈克尔·柯比（Michael Kirby）认为，其结果是产生了一种新的艺术舞蹈形式，在这种舞蹈中，人和电影"被用作一种元素，在这种元素中，建筑或雕塑中的人体质量可以与实际建筑元素，房间的一角，组合在一起"。这部电影增加了另一种感知幻觉：黑白两色的使用暗示了来自另一个时代的人物在墙壁上移动。

美国画家卡洛琳·史尼曼（b.1939）创作了名为《眼与身》（Eye Body, 1963）的个人行动，并通过摄影记录了下来。在这些预示着身体和行为艺术的身体"静物"中，她用自己的身体作为雕塑，重新创造了神话中的女神意象。她在1967年创作的多媒体表演《雪》是一件复杂的交互作品，由16毫米和8毫米胶片、幻灯片、旋转光雕、频闪灯以及8位不同种族的表演者组成。史尼曼和她的工程师在纽约的马提尼克剧院（一家百老汇剧院）随机选择的座位下面固定了麦克风，将信号传输到一个可控硅整流器开关系统中。观众在这些座位上的任何动作都会触发系统，进而激活媒体元素。

像史尼曼一样，琼·乔纳斯（Joan Jonas, b.1936）自20世纪60年代至今一直从事媒体和表演工作。在纽约攻读研究生期间，她参加了杰德森教堂团体的舞蹈工作坊，其中包括崔莎·布朗、黛博拉·海伊、史蒂夫·帕克斯顿和伊冯娜·雷纳

（Yvonne Rainer）。他们每个人都对概念、文化、心理以及表演等问题有着共同的感受能力。作为一位训练有素的雕塑家,乔纳斯最初被表演和电影中的雕塑元素吸引。

"我将其带入了表演,"她在1995年的一次采访中说,即我观看绘画的幻觉空间以及在雕塑和建筑空间周围行走的体验。在我早期的表演作品中,我几乎不存在;我在这些作品中就像一块材料,或者一个非常僵硬地移动的物体,就像木偶或中世纪绘画中的人物一样……我放弃了雕塑,走进了空间……表演吸引我的地方在于它可以将声音、运动、图像等所有不同的元素融合在一起,做出复杂的陈述。我不擅长的是做一个单一的、简单的陈述——就像雕塑一样。

图30　**琼·乔纳斯**,《有机蜂蜜的视觉心灵感应／垂直滚动》(*Organic Honey's Visual Telepathy/Vertical Roll*),1972/1994。

图31 （右）琼·乔纳斯，《有机蜂蜜的视觉心灵感应》，1972。

从一开始，她的表演就先后融入了电影和录像元素。她的第一场公开表演是《Oad Lau》（1968，标题是一个摩洛哥村庄的名字，译为"温泉地"），其中包含一部电影《风》（Wind），以风和水为基本元素。乔纳斯在表演中，把摄影摄像机和监视器既用作戏剧道具又用作雕塑元素。像前面提到的白南准一样，她在 1970 年购买了自己的索尼 Portapak 摄像机。她觉得录像"非常神奇"，并把自己想象为"一位图像变魔术的电子女巫"，于是她发明了有机蜂蜜这个名字，作为另一个自我。《有机蜂蜜的视觉心灵感应》（1972）是一部表演性录像，其中有一个"置景"或装置，在这个"置景"或装置中，乔纳斯根据有机蜂蜜的想象创造了一个房间。乔纳斯运动的录像提供了一个镜像般的动作反射，改变了观众对他们看到的东西的感知。这些表演会经常变化，展示乔纳斯作为一位表演者和"魔术师"的多才多艺，她穿着蓝色长袍，戴着魔术师的漏斗帽扮演了这个角色。 30,31

《漏斗》（Funnel，1974）包含三个表演区域，中间用帘子隔开，乔纳斯根据自己对魔术和美国西南部土著传统的兴趣，在表演区表演仪式。在一个区域的监视器上投影着现场录像，可以详细看到她的整个表演。乔纳斯于 1998 年在纽约的帕特·赫恩画廊（Pat Hearn Gallery）的装置中再次使用了《漏斗》中的几幅图像。《我的新剧场 II（大镜子）》[My New Theater II（Big Mirror），1998] 是一个录像剧场，被安装在一个由两根锯木架支撑的大型漏斗状结构内。透过漏斗，观众可以在屏幕上看到乔纳斯在 32

33

43

表演日常琐事（比如扫地），这些琐事变成了疯狂的跺脚舞蹈，同时还能听到原声带上的歌曲和文本 [包括威廉·卡洛斯·威廉斯（William Carlos Williams）的诗歌《大镜子》，以及讲述逝去朋友的民谣]。

乔纳斯在她的早期作品引起如此轰动的几十年后，仍在不断开拓新的领域，这是一项罕见的成就。20 世纪 80 年代中期，艺术界发生了翻天覆地的变化，她的老牌实验形式日渐式微，

图 32　**琼·乔纳斯**,《漏斗》, 1972。
在纽约厨房（The Kitchen）的表演。照片：版权所有 ©1974，芭贝特·曼格尔特，保留所有复制权。

在经历了她所谓的一个"低谷"之后,乔纳斯在 1987 年重新崛起,根据 13 世纪冰岛诗歌创作了大获全胜的媒体表演作品《火山传奇》(*Volcano Saga*);1994 年,她根据中世纪爱尔兰诗歌创作了《迷途的斯维尼》(*Sweeney Astray*),并受到阿姆斯特丹市立博物馆的委托,为其举办的乔纳斯作品回顾展创作。乔纳斯对摄像机在表演语境中提供的各种感知和误解有着持久的兴趣,在此,她将摄像机放在玻璃桌下来记录表演者在桌上的表

图33 （对页）琼·乔纳斯，《我的新剧场 II（大镜子）》，1998。

图34 （下）琼·乔纳斯，《火山传奇》，1987。1970年访问日本后，乔纳斯购买了一台 Portapak 摄像机。"这个设备，"她说，"使我能够增加另一种反思，并通过现场传输闭路录像系统的特写镜头与观众建立联系。监视器是一面持续不断的镜子。"

演。这些镜头被投影到独立的幕布上，摄像师、表演者和音乐家都能被观众看到。

"工作室"表演

摄像机成为几位对电子媒体情有独钟的有影响力的艺术家的表演伙伴，记录私密的、通常是仪式化的行动。尽管可以说，从达达主义表演到激浪派、偶发艺术和行为艺术有一个历史的连续性，但是"媒体和行为艺术"并不完全符合这一连续性。与他们的达达主义前辈不同，布鲁斯·瑙曼（Bruce Nauman, b.1941）和维托·阿肯锡（b.1940）等艺术家没有为自己设置与观众交互的目标。有时，他们的表演是私事，是在工作室里进行的练习，会被录制下来，但是不一定会被展示。并非可以销售的物品（比如绘画或雕塑），而是艺术创作的物理过程成了作品本身。摄像机代表着"他者"或观众。它还有助于这些艺术家尝试摆脱传统艺术创作的束缚。

瑙曼和阿肯锡的私人的基于媒体的表演指的是艺术家独自在工作室里的表演。他们单独展示自己的身体（手、手指）和

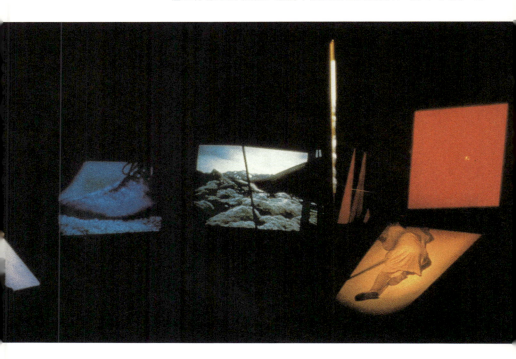

运动（手画或雕），创作的作品明确体现了艺术家的基本姿势。阿肯锡认为，"既然极简主义如此伟大，我还能做什么？缺少的是源头。我必须揭示源头"。他说的源头指的是艺术创造者的身体和运动。在 20 世纪 60 年代的反传统精神中，阿肯锡和其他人通过在作品中剔除过程之外的所有内容，试图摆脱艺术史的影响。"人们做表演是为了不做绘画和雕塑，"阿肯锡说，"绘画和雕塑有艺术唯一真神的力量；而表演则是一种在一神信仰体系中闯入多神群体的方式。"

对瑙曼来说，他的私人表演，或他称之为的"再现"，探索了他的雕塑 [例如，《我身体左半边的霓虹灯板以十英寸的间隔分开》(Neon Templates of the Left Hand of My Body Taken at Ten Inch Intervals, 1966)，或他在布上涂蜡的《从手到嘴》(Hand to Mouth, 1967)] 与他自己在工作室中的活动之间的关系。在他的一次表演中，他采取了不同的姿势（包括坐着、弯腰、蹲着），用身体创造了一个"活雕塑"。瑙曼也是一位音乐家，他深受菲利普·格拉斯 (Philip Glass)、斯蒂夫·莱奇 (Steve Reich) 和特里·赖利 (Terry Riley) 序列主义作品中时间感延伸的影响。莱奇的《小提琴相位》(Violin Phase, 1967) 就是由多把小提琴反复演奏一个基本节奏型。瑙曼将这种无限制的形式（似乎无始无终）融入他的录像表演中，利用固定的摄像机记录下他认为本身就是艺术的姿势和动作。他认为，即使是普通的运动也可以被视为艺术，这种看法归功于他在 1968 年遇到的编舞家梅芮迪思·蒙克 (Meredith Monk)。20 世纪 60 年代，瑙曼制作了大约 25 盘录像带，内容都是重复的普通行动。这是一种舞蹈方式，起源于旧金山编舞家安娜·哈尔普林 (Anna Halprin, b.1920) 的开创性工作，崔莎·布朗 (b.1936)、舞蹈家转为电影制作人的伊冯娜·雷纳 (b.1934) 和西蒙娜·福蒂 (Simone Forti, b.1935) 等未来具有影响力的舞蹈家/编舞家经常光顾她的工作室。

瑙曼作品中表演与雕塑的相互作用也受到维也纳哲学家路德维希·维特根斯坦 (Ludwig Wittgenstein) 和爱尔兰戏剧家、小说家塞缪尔·贝克特 (Samuel Beckett) 的影响。维特根斯坦影响了多位观念艺术家，他们被维特根斯坦对普通语言哲学含义的探索吸引。他所说的各种语言游戏揭示了言语使用方式的意义。"语言游戏一词,"维特根斯坦在《哲学研究》(Philosophical Investigations)中写道,"意在突出这样一个事实,即语言的言说是一种活动或一种生命形式的一部分。"语言是一种既能揭示又能隐藏的活动,是结合和分离的源泉。在 1991 年的《人类/社会(林德面对镜头)》[Anthro/Socio (Rinde Facing Camera)]和 1992 年的《人类/社会(旋转的林德)》中,瑙曼与表演艺术家/音乐家林德·埃克特(Rinde Eckert)合作,他以特写镜头拍摄了林德·埃克特参与维特根斯坦式语言游戏的脸部表情,包括表演和唱词("帮助我,伤害我社会学;喂我,吃我人类学")。

1967 年至 1968 年间,瑙曼在四部无声 16 毫米电影中探讨了身份问题。这些电影被称为《艺术化妆》(Art Make-Up),展示了他在皮肤上涂抹不同颜色来掩藏身份的过程。这一主题后来出现在他的小丑录像中。瑙曼经常在表演录像中使用小丑作为图标,这些录像显示了艺术家对语言和人类行为极端的兴趣。《小丑酷刑》(Clown Torture, 1987)中的小丑被迫单腿站立,然后还要平衡两个鱼缸和一桶水,同时喊着"不,不,不",以及"对不起,对不起",一遍又一遍。这种对极端行为的兴趣反映了瑙曼对贝克特的浓厚兴趣,贝克特的多余叙事常常描绘人们处于不可能的情境:被困在垃圾桶里或埋在齐颈深的沙子里。瑙曼的表演性录像《角度漫步》(Slow Angle Walk, 1968)的副标题是"贝克特步行"(Beckett Walk),录像中艺术家在自己的工作室中紧张地四处走动。他将一条僵直的腿高高举起,然后身体旋转半圈,再让腿落地。可以想象,贝克特在其唯一一部名为《电影》(Film, 1964)的电影中选择的表演者巴斯特·基顿

图 35 **布鲁斯·瑙曼**,《人类/社会(旋转的林德)》[Anthro/Socio (Rinde Spinning)],1992。

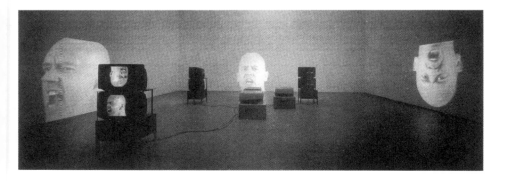

（Buster Keaton）发明了这样一种动作。破坏性行动，比如意大利人吉娜·潘恩（Gina Pane）在其表演雕塑《预期的身体》（*Le corps pressenti*, 1975）中割破了自己的脚趾，这在艺术家皮埃尔·马顿（Pier Marton, b.1950）的作品中再次上演。他的系列《录像表演》（*Performance for Video*, 1978—1982）包含一些序列，在这些序列中，马顿用吉他击打自己，直到吉他解体。对语言和姿势的极端描绘让人想起贝托尔特·布莱希特（Bertolt Brecht）的戏剧中疏离的概念，它是拉近观众与戏剧距离的一种自相矛盾的手段。艺术家通过唤起观众的情感来让其参与到行动或叙事中，哪怕是负面的情感。

阿肯锡参与的媒体包括单通道录像（一台监视器上一盘磁带）、装置和表演。他在 1979 年的一篇文章《走进表演（和走出表演）》[*Steps Into Performance (And Out)*] 中表达了自己行为艺术的精髓：

> 如果我专注于一种媒介，我就会为自己确定一个理由，当一种媒介被另一种媒介替代时，我就必须不断地挖掘自己的理由——所以，与其转向"理由"，我不如转移注意力，转向"工具"，我把注意力集中在自己身上，把自己当作在任何可用理由上行动的工具。

图 36 （右）**布鲁斯·瑙曼**，静帧来自《角度漫步（贝克特步行）》，1968。
在瑙曼的录像和表演作品中，他感兴趣的是向观众展示一个打开的过程，而非一个完成的、物化的艺术作品。小丑和被困在极端情境中的人也反映了他对作家塞缪尔·贝克特作品的兴趣。

图 37 （对页）**布鲁斯·瑙曼**，两幅静帧来自《小丑酷刑》，1987。

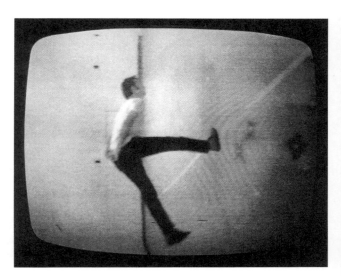

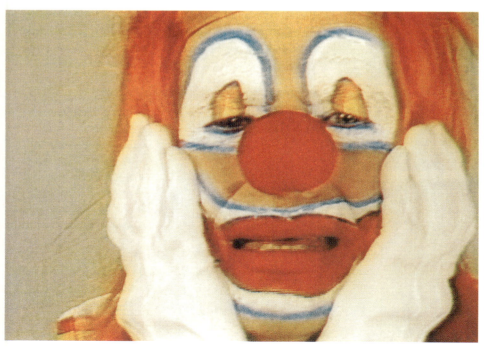

在阿肯锡看来，电影或录像帧将他与外界分开，将他置于一个"隔离室"中，如他所说，在那里他与他的主要材料，他的身体，紧密联系。1970年，他应美国作家和策展人威洛比·夏普（Willoughby Sharp）的要求，制作了他的第一部录像作品《校正》（Corrections）。威洛比·夏普创办了昙花一现的杂志《雪崩》（Avalanche），致力于身体艺术、过程艺术和录像。《校正》反映了他对录像即时性的兴趣。在录制过程中，阿肯锡可以在监视器中看到自己，并尝试以监视器上的图像为指引，烧掉自己脖子后面的一撮头发。同年早些时候，他制作了一部8毫米电影《三种适应状态》（Three Adaptation States），简单记录了他在工作室中的运动，他认为这是他从书页（他曾是一位诗人）向艺术活动的过渡。"我不得不离开书页，"他说，"而且我至少到了地面上。"在《中心》（Centers, 1971）中，他独自一人在工作室里使用固定的摄像机，他指着镜头，做出将摄像机转回观看者的姿态。在《接触》（Contacts, 1971）中，他蒙着眼睛站在一位女性面前，女性跪在他面前，用手抚摸他身体的不同部位，但是并未真正接触他。另一方面，当她的手在他身上移动时，一台固定摄像机记录下他试图说出自己身体各个部位名称的过程。

阿肯锡不喜欢"表演"一词，因为它与剧场有关："我们讨厌'表演'一词。我们不能，也不会把我们做的称为'表演'……因为表演是有场所的，而且其传统场所是剧场，是一个像博物馆一样的地方。"尽管如此，他还是在公共场合表演。在《撑开》（Pryings, 1971）和《拉扯》（Pull, 1971）中，阿肯锡和凯西·狄龙（Kathy Dillon）展开了一场欲望与抵抗的较量，阿肯锡试图撑开凯西·狄龙紧闭的眼皮，或他们试图用眼神游戏来迷惑和控制对方。

1971年，阿肯锡与丹尼斯·奥本海姆（Dennis Oppenheim）和泰瑞·福克斯（Terry Fox）在纽约里斯·帕利画廊（Reese Paley Gallery）合作，将他对时间和身体的探索带入画廊空间。阿肯锡面对一个大挂钟，背对观众，从事私人运动，而其他艺术家则躺在地板上，靠近一个录像监视器和音响系统。在1974年的《指挥表演》（Command Performance）中，阿肯锡通过将观众融入录像环境，使其与画廊观众面对面。在一个狭小的房间里，观众坐在一个凳子上，面前是一个放在地板上的监视器。监视器上播放着一盘录像带，录像带中的阿肯锡也躺在地板上，仰面朝天，头部用力朝向摄像机，用滔滔不绝的独白恳求观众诱惑他，并重复着"来吧，宝贝，征服我吧"这样的短语。凳子后面的另一个监视器上显示观众的图像，凳子上方的墙壁上固定着一台摄像机，正在对着观众录像。在这场多重诱惑的舞蹈中，每个人都变成了偷窥者。

当时从事媒体和表演工作的还有白南准。白南准在20世纪60年代早期的激浪派时期，就与音乐家夏洛特·摩尔曼（Charlotte Moorman）多次合作，创作了音乐和录像表演，挑战了传统的音乐演奏和聆听方式。在《电视胸罩》（*TV Bra*, 1968）中，摩尔曼赤裸上身，演奏着小提琴，胸前戴着两面圆形镜子，反射着对准她脸部的摄像机。1967年，因摩尔曼在《性电歌剧》（*Sextronique*）中赤裸上身表演，白南准和摩尔曼二人被捕。在表演过程中，白南准的裸背成了摩尔曼弓弦的"低音（琴身）"。他曾说："我想搅动那些穿着黑色西装的无性男女演奏音乐的死水。"白南准和摩尔曼曾合作过几个这样的项目，其中包括《电视、大提琴和录像带协奏曲》（*Concerto for TV, Cello and Video Tape*, 1971），在该作品中，摩尔曼在一堆电视机上拉弓，这些

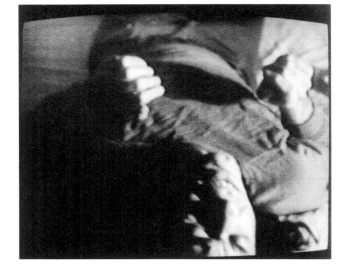

图38 （对页）**维托·阿肯锡**，《秒针》（*Second Hand*），在里斯·帕利画廊的演出，1971。

图39 （右）**维托·阿肯锡**，《指挥表演》，1974。
阿肯锡的最早艺术实践是诗歌，他认为诗歌是"书页上的运动"。对他来说，表演是一种从书页走向"外部物理空间"的方式。

电视机里有她在电视上拉弓的预先录制和同步图像。他的特殊兴趣在于将时间视觉化。"必须强调的是,"他在 1962 年伍珀塔尔的帕纳斯画廊(Galerie Parnass)的展览之前写道,"我的作品不是绘画,也不是雕塑,而是一种时间艺术:我不喜欢特定的流派。"

虽然白南准在 20 世纪 80 年代放弃了现场表演,转而使用大型、多监视器录像构成,但是他与表演的联系仍然显而易见。他仿佛让监视器就其本身而言变成一位表演者。他为自己的装置注入了如此狂热的生命,图像在屏幕上飞驰,录像雕塑看起来更像是机械化的有机体,而非呆滞的监视器。事实上,自 1964 年起,他已制作了多台"录像机器人",包括《机器人家庭:阿姨》(Family of Robot, Aunt, 1986)和《机器人家庭:叔叔》(Family of Robot, Uncle, 1986)。其中主要的视觉效果是由电视机而非电视机中的图像创造的。他现在创作的作品可被称为表演性装置。

日本具体派和维也纳行动主义

1954 年至 1958 年间在日本颇具盛名的是由画家和表演者组成的具体小组(Gutai Group),虽然它只存在到 1972 年。作为对第二次世界大战的破坏的反应,具体派艺术家用他们的材料表达了一种暴力的参与。《舞台上的具体派》(Gutai on Stage,

图 40 (右) **白南准**,《电视、大提琴和录像带协奏曲。电视大提琴首演》,1971。
白南准通过将电视机放在意想不到的位置或扭曲屏幕上的图像,不断挑战电视图像的"真实"概念。

图 41 (对页) **白南准**,《机器人家庭:阿姨和叔叔》,1986。
白南准对人类开始直立行走后大脑才开始发育这一科学观点非常着迷。1986 年,他创造了一个机器人家庭,包括祖父母、阿姨和叔叔、父母和三个孩子。

1957）和《具体派绘画》（*Gutai Painting*, 1960）等电影展示了艺术家用涂有颜料的箭"射击"画布，或用装满颜料的拳击手套击打画布，或用自己的身体撞破画布。虽然具体派渴望他们的反艺术行动被看到并记录下来，但是他们仍然专注于绘画，而非探索新媒体。直到后来，日本的 Dumb Type（蠢蛋一族）等小组才充分参与到日本尤其是索尼公司开创的媒体中来。

最激进的战后媒体表演的表现形式是维也纳行动主义者（Wiener Aktionisten）的创作，维也纳行动主义者主要包括赫尔曼·尼特西（Hermann Nitsch, b.1938）、奥图·穆厄（b.1925）、库尔特·克伦（Kurt Kren, b.1929）和瓦丝波尔（Valie Export, b.1940），他们中的许多人最初都是画家。这些艺术家对战争、纳粹主义及其遗产深恶痛绝，同时拒绝博物馆接受的现代主义，他们试图创造一种以编程的方式轰动的艺术。他们既从弗洛伊德对无意识的理解中寻求灵感，也从激浪派倡导的自由艺术实践中寻求灵感。瓦丝波尔的艺术涉及范围可能是所有人中最宽广的，扩展至雕塑、录像、电影、摄影、装置以及表演。此外，行动主义者将"破坏"推崇为通往艺术和社会自由的主要路径。穆厄在 1963 年写道："我无法想象任何重要的东西不被牺牲、摧毁、肢解、焚烧、刺穿、折磨、骚扰、折磨、屠杀……刺伤、摧毁或毁灭。"在这种思维方式下产生的行为往往涉及身体残割、虐恋性爱、动物肢解和厌女的做法，所有这些都是为摄像机表演的，旁观者（观众）可有可无。在穆厄早期拍摄的行动《葬礼》（*Funèbre*, 1966）中，一个裸体的人躺在床上，被其他裸体的人喷上颜料并摆弄。穆厄进行了伊夫·克莱因在 20 世纪 60 年代早期用裸体模特和颜料进行的表演，它们看起来像是天真无邪的客厅游戏。最极端的是《该死的家伙》[*Scheiss-Kerl (Shit-Guy)*，1969]，这是一部逼真地描绘嗜粪癖行为的 16 毫米电影。这种电影中的极端行为在 20 世纪 80 年代美国人保罗·麦卡锡（Paul McCarthy）和罗恩·阿西（Ron Athey）的作品中再次出现。

对穆厄来说，这些通常被视为反常或有辱人格的行为实际上是摆脱社会观念束缚的手段。到了 1971 年，他放弃了艺术和行动，成立了一个公社，该公社一直存在至今，其中规定了性表达的自由和交互的无拘无束。1991 年至 1998 年间，由于其中一些做法被发现涉及儿童，穆厄被监禁了 7 年。这并不奇怪，他所谓的乌托邦实践和违法行为是他自认试图解放的社会不能容忍的。

库尔特·克伦曾作为电影制作人与多位行动主义艺术家合作，他对剪辑和图像处理的技术能力都很有兴趣。自 20 世纪 50 年代起，他一直在创作实验电影，这些电影在结构上受到了同一时期序列音乐实践的影响。快速剪辑和单帧技术凸显了电影的材料品质，同时也为"时间"提供了一种新的词汇，即观众体验到的时间。克伦被君特·布鲁斯（b.1938）和穆厄的行动的视觉复杂性吸引，并从他们身上看到了在胶片上创作自己拼贴的潜力。正如艺术史学家休伯特·克洛克尔（Huber Klocker）描述的那样："克伦的电影是以一种新的空间和时间形式组织起来的拼贴式图像存储媒体，它像机器一样压缩图像质量，并将其转化为纯粹的能量。"时长 3 分钟的彩色电影《丽达与天鹅》（Leda and the Swan, 1964）是穆厄的生动行动之一，在克伦的手中，它变成了混沌与抽象的切分咏叹调。

自 20 世纪 60 年代中期起，参与行动主义尾声的瓦莉·艾丝波尔创作了各种表演、录像、电影和媒体活动，对女性在社会中的角色进行了大胆而生动的考察。她是奥地利电影制作人合作社（Austrian Filmmakers Co-operative）的创始人之一，她早期的表演和影像实验 [《月经电影》（Menstruationsfilm, 1966）和《高潮》（Orgasmus, 1966）] 使她站在了女性主义表演的前沿，有力地反击了穆厄等其他行动主义者对女性的虐待。她的女性主义表演和电影，以及她早期的静止摄影实验，也都以对感知、照片和拍摄图像以及身体语言的技术复杂探索为标志。到 20 世纪 70 年代初，她开始在表演中使用录像，比如《运动想象》[Bewegungsimaginationen (Movement Imagination), 1974]，其中包括录制的图像和现场录像。到 20 世纪 80 年代中期，她开始在《宪法广场》（Syntagma, 1983）等作品中结合多种媒体（静止摄影、录像和 16 毫米电影）。艾丝波尔的长期目标是在艺术中重塑女性形象。"在电影中，"她说，"女性的身体成为女性的图像，在某种程度上。电影史和女性身体历史的几乎合二为一也是如此。"

据说当维也纳行动主义从国家社会主义中解放出来时，来自东方阵营的艺术家被委托从事秘密活动，一旦被发现，就将

图 42 瓦莉·艾丝波尔,《宪法广场》,1983。
电影的开场是两只女性的手强行拉开两片赛璐珞之间的空隙。然后,这双修剪整齐的手开始用手语"说话",拼出电影的名字。

被处以监禁。摄像机和录像是用来监视公民的监控工具,它们不在个人手中,更不在艺术家手中,因为他们可能会以颠覆性的方式使用它们。东欧最孤立的艺术群体是罗马尼亚人,他们禁止任何形式未经授权的公共集会。因此,这样的表演大多是私人行动。扬·格里戈雷斯库创作了多部短片和照片散文,探索了在极权国家中生存所需的谎言和秘密代码给他带来的自我断裂感。在《拳击》(*Boxing*, 1977)、《作为宇宙中心的人》(*Man as Center of the Universe*, 1978) 和《与尼古拉·齐奥塞斯库对话》(*Dialogue with Nicolae Ceausescu*, 1978) 等超 8 毫米电影中,他在自己的房间或偏远的田野里录制了自己,反映了他所处情境的完全封闭。他经常在帧中使用多个自己的图像来暗示支离破碎的自我和政府对个人身份的消除。

提波·哈雅斯 (Tibor Hajas, 1946—1980) 在他的祖国匈牙利之外仍然鲜为人知,他在 20 世纪 70 年代的摄影表演既危险又有颠覆性。在《黑暗闪光》(*Dark Flash*, 1976) 中,他被一根绳子吊在黑暗房间的天花板上,绳子绑在他的双手上。他被捆

图 43 理查德·汉密尔顿,《究竟是什么让今天的家如此与众不同,如此吸引人?》(*Just what is it that makes today's homes so different, so appealing?*),1956。

绑的一只手拿着照相机，试图拍摄偶尔划破黑暗的闪光。表演结尾，当失去知觉的哈雅斯从绳子上被释放时，镁光灯发出了巨大的闪光。

相比之下，著名战后德国艺术家格哈德·里希特（Gerhard Richter）和他的助手康拉德·费舍尔（Konrad Fischer）在画家西格玛·波尔克（Sigmar Polke）的协助下创作的媒体和表演舞台造型相对低调。他们共同组织了《资本主义现实主义示威游行》(A Demonstration for Capitalist Realism, 1963)，在此期间，他们占据了一家家具店装饰一新的一角，并重新编排一台电视机，播放带有政治色彩的图像。在此，我们可以在弗斯特（Vostell）的《电视去拼贴》(TV De-coll/age) 与理查德·汉密尔顿（Richard Hamilton）的拼贴《究竟是什么让今天的家如此与众不同，如此吸引人？》之间建立链接，以政治和社会动荡的含义挑战了看似平静的家庭生活。

44

43

图 44　**格哈德·里希特和康拉德·费舍尔**，《资本主义现实主义示威游行》，1963。
格哈德·里希特和康拉德·费舍尔在一家家具店里组成了一个生动的舞台造型，电视屏幕上闪现着充满政治色彩的图像。

性别和媒体表演

艺术史学家莫伊拉·罗斯（Moira Roth）将女性主义行为艺术与女性主义行动主义者从事的所谓"街头剧场"联系在一起，比如对 1968 年美国小姐选美比赛的扰乱。女性主义者对性别角

59

色受限的愤慨是世界各地解放运动文化模式的一部分，其中包括学生、有色人种和同性恋者。以乔纳斯和史尼曼为榜样，女性主义艺术家将媒体作为其表演行动的一部分。

图 45 （右）乌尔里克·罗森巴赫，《没有权力就是有权力》（*To Have No Power Is To Have Power*），1978。

图 46 （下）奥兰，《21世纪的面貌》（*Le Visage du 21 siècle*），1990。
法国艺术家奥兰接受了一系列整容外科手术，将自己变成了历史上男性艺术家最理想的女性形象。

德国艺术家乌尔里克·罗森巴赫（Ulrike Rosenbach, b.1944）在 20 世纪 70 年代创作的《录像现场表演》（Video Live Performances）中，设置了只对着摄像机表演的生动舞台造型。她的公开多媒体表演实质上是女性主义行动，包括《没有权力就是有权力》。在此，艺术家被悬置，困在一个网络中，来自艺术史和流行文化的图像在她身后的屏幕上闪烁。

自 1974 年起，法国多媒体表演艺术家奥兰（Orlan）一直用录像数字化和外科手术录制在字面上重塑了自己的身体，她通过外科手术改变了自己的身体和脸。1991 年，她在《圣奥兰的转世》（The Re-Incarnation of St Orlan）和《图像（复数）/新图像（复数）》[Image (s) / New Image (s)]等作品中创作了心理自画像。在此期间，她在局部麻醉的情况下，通过手术将自己的下巴重塑成波提切利的维纳斯 [来自《维纳斯的诞生》(The Birth of Venus)]的下巴，或将自己的鼻子重塑成热拉尔的《普赛克接受丘比特的初吻》（Le Premier Baiser de l'Amour à Psyche）中普赛克的鼻子。为了在摄像机前 "指导" 手术表演，她保持清醒。弗里德里克·佩佐尔德（Friederike Pezold）同样坚持女性主义的观点，她自 20 世纪 70 年代初起创作录像表演，比如《根据解剖学、几何学和动力学定律的新活体符号语言》（The New Living Body Language of Signs According to the Laws of Anatomy, Geometry, and Kinetics, 1973 — 1976），她认为传统的建筑学是以男性为中心的，并在表演中尝试将建筑学的焦点转移到女性身体上。

极简主义和观念趋势

罗伯特·威尔逊（Robert Wilson, b.1941）作品中媒体和表演的极简主义美学表现得最明显，他最著名的是《给维多利亚女皇的信》（A Letter for Queen Victoria, 1974）和《沙滩上的爱因斯坦》（Einstein on the Beach, 1976）等原创大型舞台作品。威尔逊接受过室内设计、建筑和绘画的训练，他的艺术实际上是从 1963 年创作的一部 10 分钟的抽象彩色电影《偏斜》（Slant）开始的。他最早的表演之一（可能是在 1964 年末）是在纽约普瑞特艺术与设计学院附近一家电影院里进行的，当时他在那里学习，表演内容是编排运动并配以电影。他于 1968 年在纽约布里克街电影院呈现的《剧场活动（1）》[*Theatre Activity (1)*]中，将一张猫的照片叠加在一个草地片环上。其他几部早期作品，尤其是《聋人一瞥》(*Deafman Glance*, 1971)，包含了电影。尽管威尔逊继续创作录像和电影[他的47分钟录像《莫里哀之死》(*La Mort de Molière*, 1995)在1997年惠特尼双年展上展出]，但是在1998年之前，他的大多数大型舞台作品中都没有呈现电影媒体，他和《沙滩上的爱因斯坦》的合作者菲利普·格拉斯根据13世纪波斯神秘主义者贾拉鲁丁·鲁米(Jelaluddin Rumi)的文本创作了《恩典的怪物》(*Monsters of Grace*)。该作品结合了现场舞台行动和一部三维计算机动画电影[由杰弗里·克莱泽(Jeffrey Kleiser)和戴安娜·瓦查克(Diana Walczak)创作]，在一个计算机主板的控制下，在幻觉和现实之间来回穿梭。

美国作曲家罗伯特·阿什利(Robert Ashley, b.1930)自20世纪70年代起创作了多部实验歌剧，这些歌剧将口语文本声音驱动的音乐与录像影像结合，其中融入了抽象图像、挪用图像（有时来自电视节目）和文字。《根植于以太的音乐》(*Music with Roots in the Aether*, 1976)是一件长达14小时的作品，以菲利普·格拉斯、阿尔文·路西尔(Alvin Lucier)和斯蒂夫·莱奇等当代作曲家的音乐和写作为基础。阿什利的《尘埃》(*Dust*, 1999)是一部关于当代美国人孤独感的片段式冥想作品，其中

图47　**罗伯特·威尔逊**，《聋人一瞥》，1971。

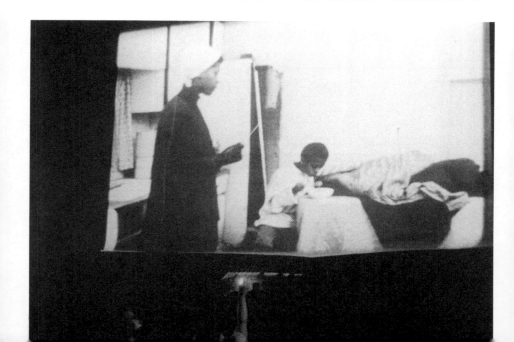

图48 （上）**丹·格雷厄姆**，《表演 / 观众 / 镜子》(Performance/Audience/Mirror)，1975年12月。

图49 （下）**罗伯特·威尔逊和菲利普·格拉斯**，《恩典的怪物》，1998。对威尔逊来说，设计元素不仅是作品的支撑，它们就是作品，就是他剧场的内容。他说："聆听画面。"

包括五个电致发光屏幕以及表演区上方的一个大型水平屏幕，屏幕上投影着由日本艺术家吉原悠博（Yukihiro Yoshihara）设计的一系列令人眼花缭乱的图像。对威尔逊和阿什利来说，正如许多其他将媒体融入其作品的艺术家一样，录像和电影为舞台环境提供了额外的建筑元素，并允许对时间进行更大的操控。

永子与高丽（Eiko and Koma）是生于日本的舞蹈艺术家，与极简主义和日本先锋戏剧有联系，他们在1998年为惠特尼博物馆创作的《呼吸》(Breath) 项目中同时使用了电影和录像，并出现在电影和录像的投影环境中。来自自然的流体景观形状和他们移动身体的变化形式暗示了活体与"活"电影图像之间的关系。

在道格拉斯·戴维斯（Douglas Davis, b.1933）的作品中，观众对现实感知的可塑性是首要的。1977年，作为"第六届文献展"（documenta vi）的一部分，戴维斯设计了一次向25个国家进行的国际卫星转播。身在委内瑞拉加拉加斯的戴维斯表演了《最后九分钟》(The Last Nine Minutes)，向观众讲述了他们之间的时 / 空距离。白南准和夏洛特·摩尔曼 [《电视胸罩》《电视大提琴》(TV Cello) 和《电视床》(TV Bed)] 的表演以及约瑟夫·博伊斯关于其乌托邦艺术理论之一的表演 / 讲座也在传送之列。1981年，戴维斯将这一做法延伸到另一场现场

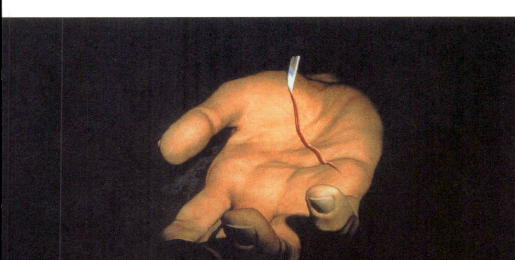

图50　**丹·格雷厄姆**,《三个连接的立方体/空间展示录像的室内设计》(*Three Linked Cubes/Interior Design for a Space Showing Videos*), 1986。

直播卫星表演《双关语》(*Double Entendre*) 中,该表演将纽约的惠特尼博物馆与巴黎的蓬皮杜中心连接起来,戴维斯在其中探讨了一段跨大西洋的风流韵事。他全程挑战了电子联动、文化、性别边界以及语言理论的观念;所有这些都基于法国理论家罗兰·巴特 (Roland Barthes) 的文本《恋人絮语》(*A Lover's Discourse*, 1977 年首次在法国出版,英译本 1978 年出版)。

丹·格雷厄姆 (Dan Graham, b.1942) 对建筑、公共和私人空间理论以及感知问题的深入研究,促使他创作了表演和装置作品,这些作品通过直接关注观众在特定时间的特定空间中自身的位置来吸引观众。他经常使用镜子、闭路视频系统和复杂的观看环境,让观众沉浸在他关于观众身份和物理空间的观念中。在《表演/观众/镜子》中,格雷厄姆将自己置于表演空间中,背对镜子,面对观众。他讨论了观众的运动以及这些运动可能代表的意义,然后继续面对镜子,讨论他和观众通过镜子"筛选"的运动。主观性/客观性、观察者与被观察者、观众与表演者之间的关系千差万别,非常主观。随着他对录像技术的使用逐渐成熟,格雷厄姆开始将录像融入他的镜像环境中。1983 年,他为在伯尔尼美术馆举办的回顾展创作了《利用双向反射镜和录像延时的表演和舞台置景》(*Performance and Stage Set Utilizing Two Way Mirror and Video Time Delay*),音乐家和观众通过一面大型双面镜相对而坐。一个延迟 6 秒的直播录像被投影在镜子上,创造了一个感知扭曲图像的虚拟万花筒,在此

图51　**乌斯科和蚂蚁农场**[道格·霍尔、奇普·罗德、道格·米契尔斯 (Doug Michels)、朱迪·波克特 (Judy Porcter)],《永恒的火焰》,1975。

亚伯拉罕·扎普鲁德 (Abraham Zapruder) 拍摄的关于总统肯尼迪遇刺的业余 8 毫米电影比历史上任何其他电影受到的逐帧审查都要多。

期间，观众只能通过镜子和录像的滤镜来观看表演者，因为他们同时也在延时观看自己和表演者。这种迷失感挑战了他们作为观察者的地位。格雷厄姆继续创造观看环境，比如《三个连接的立方体／空间展示录像的室内设计》，一个装有透明镜面玻璃的空间，在古根海姆博物馆 1997 年的展览"有风景的房间：录像环境"（Rooms with a View: Environments for Video）中展出；以及该作品的升级版《展示录像的新空间》（New Space Showing Videos, 1995）。在这两个案例中，环境允许观看和被观看，观看者同时成为表演者和观众。

政治，后现代主义和新奇观

格雷厄姆的交互实践反映了情境主义国际的理论。情境主义国际是一个由欧洲艺术家和知识分子组成的松散团体，其主要发言人居伊·德波（Guy Debord, 1931—1994）对西欧和美国的艺术家产生了深远的影响。情境主义思想（结合了马克思主义、心理分析和存在主义）的核心是，理论可以、也应该成为艺术家和其他相关个人开展"美学行动"的场所。在德波的指导下，尤其在其 1967 年的文章《景观社会》（The Society of the Spectacle）中，情境主义者主要通过写作，呼吁民众控制都市空间。他们的出版物之一《论学生生活的贫困》（On the Poverty of Student Life, 1966—1967）可被视为 1968 年全球学生运动的预兆。格雷厄姆和道格·霍尔（Doug Hall）等艺术家在自己的作品中反映了情境主义宣言的变化。作为旧金山多媒体表演团体乌斯科（T.R. Uthco）的创始人之一，霍尔与政治剧场有直接的联系。该小组始于 1970 年，因 1975 年与另一个媒体监督小组蚂蚁农场（Ant farm）合作拍摄《永恒的火焰》（The Eternal Flame）而闻名，该片是肯尼迪 1963 年遇刺事件的重演。该项目结合了现场表演奇观、实际暗杀事件的档案片段以及观众对该事件"重新上演"的反应，以尖锐的方式记录了美国人对神话、英雄和电视图像的迷恋。

霍尔还在他的录像表演《演讲》（The Speech, 1982）中戏仿了美国政治。在这件作品中，他站在一个被"媒体"和"支持者"包围的讲台上，发表了空洞、陈词滥调的演讲。在《阿马里洛新闻磁带》（Amarillo News Tapes, 1980）和《这就是真相》(*This Is the Truth*, 1982) 中,霍尔对媒体语境中的"真相"概念本身提出了质疑,同时对"公众奇观"语境中语言的力量进行了持续的探究。自 20 世纪 70 年代末起,迈克·史密斯(Mike Smith, b.1942) 在其表演、录像和装置中,以虚拟人物"迈克"的形式,对美国商业电视的平庸进行了讽刺,他们不因乏善可陈的内容而羞愧。迈克没有自己的想法,是一个令人愉快的、空洞的容器,可以容纳电视提供的一切。史密斯在《进入娱乐室》(*Down in the Rec Room*, 1979)、《秘密恐怖》(*Secret Horror*, 1980) 和《迈克搭棚》(*Mike Builds a Shelter*, 1985) 等作品中创作了大量面无表情、观念幽默的表演喜剧。

这种"观念幽默"从 20 世纪 60 年代末开始显现,并在 20 世纪 80 年代的后现代主义中到了登峰造极的程度。尽管学者仍在为后现代主义的定义争论不休,但艺术家实践中的某些趋势是有助于我们去定义它的。在多媒体剧场方面,纽约的伍斯特小组(The Wooster Group) 的亢奋之作是后现代表演的代表。该小组对经典剧目进行媒体混合演绎,比如 1994 年首演的尤金·奥尼尔(Eugene O'Neill) 的《琼斯皇》(*The Emperor Jones*),1995 年的《毛猿》(*Hairy Ape*),或 1997 年根据格特鲁德·斯泰因(Gertrude Stein) 的《浮士德博士点灯》(*Dr. Faustus Lights the Lights*) 改编的《房子/灯》(*House/Lights*)。在高分贝的配乐、放大的声音以及现场表演者与遍布舞台的多台监视器上的录像版本争夺观众注意力的情况下,这些戏剧的原文虽然完好无损,但是几乎无法辨认。在把握奥尼尔或斯泰因的独特性上,他们提供了社会理论家和评论家詹明信(Fredric Jameson) 所说的后现代艺术家"抓住他们的特征和怪癖来制造一种嘲弄原作的模仿"的生动再现。但是,这些艺术家[领导者是伊丽莎白·勒孔特(Liz LeCompte),他们大部分作品的导演]没有参与到媒体文化的平庸中,而是通过对技术的复杂使用,将媒体文化提升到了自己的艺术高度,避开了与迈克·史密斯讽刺的平庸有关的低技术。如果说伍斯特小组创作的是高雅艺术,那么他们对奥尼尔或斯泰因等作家的青睐就是最好的证明。他们的合作者包括后现代戏剧的主要构建者之一、本体论的歇斯底里剧场(Ontological Hysteric Theatre) 的创始人理查德·福尔曼(Richard Foreman),他为该小组创作了

《环球幸福小姐》(Miss Universal Happiness) 和《老鼠交响曲》(Symphony of Rats)。

约翰·杰苏伦(John Jesurun)的媒体剧场说明了后现代流派的另一个信条,即法国理论家让·鲍德里亚(Jean Baudrillard)所说的"主体的死亡"。从老电影,到摇滚乐,到流行心理学,对每件事都发表评论,杰苏伦的剧场作品中经常会出现多个演员的录像影像,作品中的人物迷失在文字和剥夺了情感的宇宙中。杰苏伦的"主体"或人物在某种意义上是死的,淹没在自由联想和心理絮语的海洋中,就像贝克特戏剧中一张非具身的嘴,永无休止地喋喋不休。然而,与其诗集更类似于浪漫主义而非后现代主义的贝克特不同的是,杰苏伦创造了一些唤起偏执和绝望的场景,比如《沉睡》(Deep Sleep, 1985) 中,现场演员逐渐被拍摄的他们自己的图像"吞噬";或者《略有回音》(Slight Return, 1994) 中,观众只能看到被困在装有监控摄像头的房间里的表演者的投影录像影像。

伍斯特小组和杰苏伦影响了美国和其他国家的许多年轻艺术家,尤其是另一个名为 建设者协会(Builders Association)的团体,他们的自我描述实际上就是后现代媒体剧场的定义:"我们通过为经典剧场文本注入新媒体,然后在混乱的当代全球文化语境中对其进行再创作,来使其重新焕发生机。"他们 1997 年的《跳切(浮士德)》[Jump Cut (Faust)] 文本由杰苏伦创作,舞台明显受到伍斯特小组的影响,包括高度复杂的交互录像场景,其中歌德的《浮士德》中的人物与 F.W. 茂瑙的默片《浮士德》(1926) 中的场景相互配合、重新演绎,并对放置在舞台上的摄像机提供的实时录像做出反应。

图52.（右）**迈克·史密斯**，《进入娱乐室》，1979，重编于1981。

图53（下）**迈克·史密斯**，《迈克搭棚》，1985。
迈克·史密斯的第二自我"迈克"是一块活海绵，可以吸纳大众媒体提供的一切。他很容易屈服于广告的引诱，但是因自己试图消费的一切而做噩梦。

图54（对页）**迈克·史密斯**，《秘密恐怖》，1980。

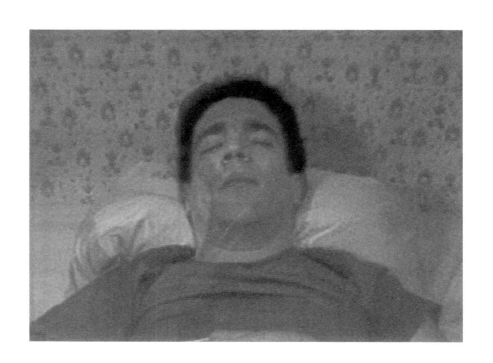

图 55 **伍斯特小组**,《房子/灯》。在纽约表演车库(The Performing Garage)的演出,1998年10月。

图 56 **伍斯特小组**,《振作》(*Brace Up!*),1991。
演员包括威廉·达福(Willem Dafoe)和凯特·瓦尔特(Kate Valk)。
照片:葆拉·考特(Paula Court)。
伍斯特小组通过多台录像监视器和断裂的文本,将经典剧目变成了媒体狂潮。

像罗伯特·威尔逊一样,法裔加拿大导演罗伯特·勒帕吉(Robert Lepage)以大型多媒体的形式进行创作。他与自己的公司机器神(Ex Machina)合作,创作了多部基于媒体的戏剧作品,包括《测谎仪》(Polygraph, 1990)、《针头与鸦片》(Needles and Opium, 1992)和《太田川的七条支流》(The Seven Streams of the River Ota, 1996)。《太田川的七条支流》是一部长达7小时的作品,将电影、录像、音乐以及日本舞踏和以歌舞伎为灵感的舞蹈融为一体。这首20世纪的挽歌是他在广岛之行中获得的灵感;这是一部复杂的作品,它将经历过大屠杀、广岛原子弹爆炸和艾滋病流行的人们的生活编织在一起,以此方式使时间坍塌。勒帕吉曾说过:"剧场与技术有着潜在的联系,技术中蕴含着诗意,但是我们尝试以不会掩盖舞台行动的方式来使用它。"1979年在巴塞罗那成立的国际表演小组拉夫拉德尔斯鲍斯(La Fura dels Baus)在其幻影般的《浮士德:3.0版》(F@usto:Version 3.0, 1998)中与媒体迎面对垒。血淋淋的身体和地狱之火被投影到巨大的屏幕上,演员从天花板上摇摆下来,或漂浮在空中装满水的机械化"子宫"中,大胆地生动再现了歌德关于人与魔鬼之间的契约故事。

58,61

59

60

图57　**约翰·杰苏伦**,《上升的一切必将汇合》(Everything That Rises Must Converge),1990。
照片:葆拉·考特。

勒帕吉表示,他受到了英国剧场导演彼得·布鲁克(Peter Brook, b.1925)即兴创作方法的影响。彼得·布鲁克位于巴黎的国际剧团经常基于文学和经典原始资料创作作品[例如《摩诃婆罗多》(The Mahabharata),一部在20世纪80年代历时数年创作的长达9小时的史诗]。尽管布鲁克在职业生涯早期也曾是一位电影导演,但是他与媒体无关。然而,他在1992年根据奥利佛·萨克斯(Oliver Sacks)的著作《错把太太当帽子的人》(The Man Who Mistook His Wife for a Hat)改编的作品《那个男人》(The Man Who)中大量使用了大型现场录像,讲述了一个脑损伤男人的故事。

其他一些经常在作品中使用媒体的实验剧团包括蹲坐剧场(Squat Theater,成立于捷克斯洛伐克)、日本的蠢蛋一族、不可能剧场[Impossible Theater,一个20世纪80年代的美国团体,在1986年的《社会失忆症》(Social Amnesia)等作品中使用复杂的媒体方法,旨在对技术进行批判]以及与纽约的拉玛玛实验剧场俱乐部(LaMaMa ETC)等替代表演空间有关的剧团,其

图 58 （对页上）**罗伯特·勒帕吉**，《测谎仪》，1990。

图 59 （对页下）**罗伯特·勒帕吉**，《太田川的七条支流》，1996。对剧场和歌剧导演罗伯特·勒帕吉而言，在他以技术为基础的舞台作品中，录像和电影中的角色成了演员身边活生生的人物。

图 60 （下）**拉夫拉德尔斯鲍斯**，《浮士德：3.0 版》，1998。

中受过电影和舞蹈训练的艺术家张家平（Ping Chong），以及受过剧场和摄影训练的本书作者，都将媒体作为抽象作品中的诗意元素，将音乐、舞蹈和文本结合在一起，营造出充满想象力的视觉环境。

尽管在 20 世纪 80 年代，媒体的复杂使用已经进入了实验剧场的生产，但是年轻艺术家仍在大量使用低技术手段进行表演，其简化的再现与其说类似于剧场活动，不如说更类似于激浪派活动。美国的克里斯汀·卢卡斯（Kristin Lucas, b.1969）是一个充满活力的年轻群体的代表，对她来说，hi-8 摄像机就像一个发现物，让她能够创作出简洁中透着优雅的媒体拼贴（或她喜欢的称呼，"录像即兴表演"）。卢卡斯通常身着橙色工人工作服，比如在《主持》（Host, 1997）中，将摄像机或小型投影仪绑在安全帽上，进行实时表演，将最近录制的与警察或其他人相遇的图像投影到临时画廊或表演空间的墙壁上。

图 61 （上）罗伯特·勒帕吉，《针头与鸦片》，1992 年 12 月 8 日—10 日。

图 62 （右）彼得·布鲁克，《那个男人》，1992。
在布鲁克改编自奥利弗·萨克斯的著作《错把太太当帽子的人》中，录像影像对主人公起到了镜像的作用，而主人公则会随着时光的流动转瞬即忘。

到 20 世纪 90 年代末，始于 20 世纪 60 年代末由实验舞蹈和戏剧团体自发使用的多媒体技术已经渗透到主流剧场和体育场奇观中，尤其是摇滚乐演出。百老汇音乐剧《汤美》(Tommy) 是由谁人乐队 (The Who) 于 20 世纪 70 年代创作的摇滚歌剧，并于 1995 年在百老汇上演。现在，几乎每场摇滚演出都提供表演者的

图63 (右) **张家平**,《出岛》(*Deshima*),1993。

图64 (下) **克里斯汀·卢卡斯**,《主持》,1997。
克里斯汀·卢卡斯经常在现场表演时将小型摄像机和投影仪绑在头上,摄像机对她来说就是身体的延伸。

现场录像投影,这不仅扩大了大批观众的观看范围,而且增加了舞台上发生的"重大"事件带给人的亢奋感。

在大多数当代大型媒体注入表演的幕后,都有一块数字控制板,只需轻轻按下按钮,就能控制灯光、声音、录像、电影和许多其他设备。1983年,西蒙·迈克伯尼(Simon McBurney,

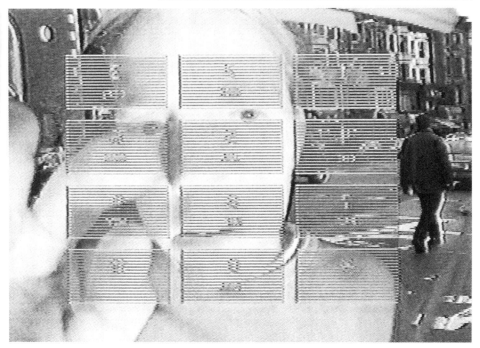

b.1957）和几位合作者在英国创建了表演剧团合拍剧团（Complicite），在其 2003 年的作品《象的失踪》（*The Elephant Vanishes*）中展示了体现媒体复杂巧妙性的最高水平。迈克伯尼和剧团根据日本作家村上春树（Haruki Murakami）的短篇小说改编，通过发生在三个人物身上的超现实事件，探讨了当代城市生活的情感动荡。物品、投影屏幕、录像和各种技术手段合力将村上叙事中的梦幻场景视觉化。

迈克伯尼在反思这个项目的复杂性时写道："他（村上）的故事非同寻常，从平凡、单调的都市生活中跳脱出来。人们熨

图 65 音乐剧《汤美》在百老汇上演，1995。
录像技术已经成为摇滚乐表演和许多大型商业剧场制作的标志，比如谁人乐队的《汤美》。

图66 **塞缪尔·贝克特**的《失败/嘶嘶》（Foirades/Fizzles），由**迈克尔·拉什**改编并执导，1994。运动和静止的摄像机捕捉的图像为贝克特笔下人物的声音增添了时间和记忆的层次。

烫衣服、做饭、上班、看电视、听海顿和莫扎特、上床睡觉并开始第二天的生活。然而，他的人物发生了非同寻常的事情。他们不再睡觉，怪物从地下或电视里爬出来，改变了他们的生活。这些交织在一起的事件产生的影响，切中了我们生活在其中的这个过度消费、互不联系的世界的核心。"迈克伯尼将合拍剧团的作品描述为一系列与故事、记忆、运动、技术和日常物品的"错综复杂的碰撞"。

美国艺术家保罗·凯泽（Paul Kaiser, b.1956）和雪莉·艾什卡（Shelley Eshkar, b.1970）自20世纪90年代末起，通过《双

足》(*Biped*, 1999) 和《运动-e》(*Motion-e*, 2002 年 5 月) 等作品，一直在将舞蹈的边界推向新媒体领域。在由梅尔塞·坎宁安编排的另类舞蹈项目《双足》中，凯泽和艾什卡以数字方式投影了与舞台上的真人舞者交互的动画人物。同样，《运动-e》是凯泽与美国编舞家比尔·T. 琼斯 (Bill T. Jones, b.1952)、贝贝·米勒 (Bebe Miller, b.1950) 和崔莎·布朗合作制作的一系列虚拟舞蹈，凯泽将其描述为"实时、交互、基于动作捕捉的表演"。布朗四十多年来一直走在实验舞蹈的前沿，于 1966 年创作了首批媒体舞蹈表演之一。在与艺术家和电影制作人罗伯特·惠特曼合作的《自制》(*Homemade*) 中，她在背部安装了一台投影仪，将她现场表演的同一支舞蹈的预制电影投影到舞台后方的屏幕上。这种自反行为在多个层面上发挥作用。这既是奇观，也是挑战。现场表演者如何能与拍摄图像的神秘和美争夺观众的注意力？拍摄的表演和现场的表演哪个更"真实"？在某种意义上说，被拍摄的舞者既是鬼魂又是同伴，既是反映又是幻影。

在当代舞蹈中，被认为与媒体和编舞最有关的艺术家是凯

图 67　**合拍剧团**，《象的失踪》。在林肯艺术中心艺术节上的表演，纽约，2004。

西·韦斯（Cathy Weis），她多年来一直在表演有交互录像投影的舞蹈［例如《面对面》（Face to Face, 1996）和《坏点伤人如狂》（A Bad Spot Hurts Like Mad, 2001）］。

并非所有艺术家的作品都能达到如此高的炫技水平。有些人坚定而明确地使用低技术。生于德国住在美国的奥利弗·赫林（Oliver Herring, b.1964）是约翰·凯奇的艺术传承者，他围绕高度美学和观念的偶然相遇构建了一种艺术形式，相信日常姿势和平凡物品的潜在艺术性。《吐逆》（Spit Reverse, 2003）是一个多屏幕的录像表演，探讨了他对一群陌生人（艺术家此前也不认识）聚集在一起进行自生成、无剧本表演时产生的新"词汇"的兴趣。在此，参与者玩吐水游戏的过程被拍摄下来，然后该行动被逆向投影。

赫林的录像项目将他的表演与他在其他语境中做的雕塑和绘画联系起来。对赫林来说，艺术媒体，无论是纸张、聚酯薄膜、录像带还是身体，都能满足他探索观念、情感和新交流模式的需要。他的录像充满了绘画般的感性。从最早的《录像草图 #1》（Videosketch #1, 1998）到《总和及其部分》（The Sum and Its Parts, 2000）、《不幸的小舞蹈》（Little Dances of Misfortune, 2001）和《不眠之夜》（Sleepless Nights, 2001）等作品中，表演者的身体都被涂上了蒙德里安式的图案或被罩上了荧光颜料。赫林拍摄表演者时，常常要在他们的细微姿势调整和身体交互上花费数小时。他避开了数字后期特效，通过定格拍摄，创造出外观复杂的编排，就像早期的电影创新者巴斯特·基顿和查理·卓别林一样。

生于南非的艺术家罗宾·罗德（Robin Rhode, b.1976）目前在柏林工作，他也在自己的录像中使用了定格技术，录制了融合绘画和运动的街头表演。例如，在《白墙》（White Walls, 2002）中，艺术家录制了自己在一面很大的临街墙壁上画一辆汽车［采用早期让-米歇尔·巴斯奎特（Jean-Michel Basquiat）或基思·哈林（Keith Haring）的方式］的过程。在动画录像中，罗德用千斤顶顶起汽车，修理轮胎。对观众来说，这是一盘最接近现场表演的录影带。印度艺术家索尼娅·库拉那（Sonia Khurana, b.1968）的录像《鸟》（Bird, 1999）也是如此，在该作品中，她赤身裸体且旁若无人得像猪一样，跳着狂野的舞，试

图 68 （对页）**奥利弗·赫林**，《荣耀》（Gloria），2004。
这件雕塑由安装在一个聚苯乙烯底座上的数千张照片碎片组成，它既超真实又另类。与沃霍尔基于宝丽来的丝网印刷和绘画肖像以及霍克尼的照片组合呼应，赫林的雕塑在解构照片的同时也在向照片图像致敬。

图飞翔。

不可否认，表演在当代媒体艺术中无处不在。从 20 世纪 70 年代初至今，录像与身体之间的联系一直是大量艺术家工作的核心，其中包括维托·阿肯锡、布鲁斯·瑙曼、琼·乔纳斯、罗伯特·劳森伯格、卡洛琳·史尼曼、白南准、瓦莉·艾丝波尔、玛丽娜·阿布拉莫维奇（Marina Abromovie）和乌雷（Ulay）、罗伯特·威尔逊、玛莎·罗斯勒、尤尔根·克劳克（Jurgen Klauke）、史蒂夫·麦奎因（Steve McQueen）、露西·冈宁（Lucy Gunning）、托尼·奥斯勒（Tony Oursler）、保罗·麦卡锡、加里·希尔、克劳斯·林克（Klaus Rinke）、纳兰德·布雷克（Nayland Blake）和皮皮洛蒂·瑞斯特。

一直以来，和艺术与媒体平行发展的是总有负担得起的技术可供使用。艺术家在自己的工作室录制表演或将电影和录像融入行为艺术和剧场，同时，艺术家也在创作单通道录像，这些单通道录像通常是对一种很少自诩为艺术的媒介的个人回应，这种媒介就是电视。

图 69 （下页）**雪莉·艾什卡和保罗·凯泽**，《抵达》（Arrival），2004。
在这件装置中，观众俯视着一个在非特定性但是看起来很熟悉的空间中运动的小型赛博格人物。一些人物在时间中前进，而另一些则相反。录像循环播放，无休无止，使时间和人与人之间的交互似乎被可怕地机械化了。

第二章

录像艺术

一种新媒介

20世纪60年代中期,评论家可能还在(实际上至今还在)争论马塞尔·杜尚的《泉》(1917年提交给艺术展览的一个倒置小便器)在美学上的可行性,但是此时艺术的边界已经被延展到无"边"无"界"的程度。像《泉》这样的现成品结果只是一个开始。在纽约,艾伦·卡普罗、克莱斯·奥登伯格(Claes Oldenburg)和吉姆·戴恩(Jim Dine)的偶发艺术,罗伯特·劳森伯格的混合媒体绘画(有床、鸡标本和电线),卡洛琳·史尼曼的身体装置以及丹·弗莱文(Dan Flavin)的霓虹灯面板只是当时展出的多种艺术作品中的几个例子。评论家克莱门特·格林伯格认为的艺术的意义(他指的是绘画或雕塑)在于对象本身的格言现在正在受到一种概念的挑战,这种概念认为艺术实践的核心是观念和语境。

极简主义及其衍生的观念主义是这一时期的主流形式。"不受物品情况的限制,"艺术评论家露西·利帕德(Lucy Lippard)写道,"艺术家可以尽情发挥想象力。"在视觉艺术方面,幻觉主义被摒弃,转而追求一种简约的风格,这种风格更接近工业设计,而非画意摄影。这种态度反映了艺术中日益增长的趋势,即消除艺术与日常生活之间的边界,或者说是历史上的"高级"艺术与"低级"艺术之间的边界。而在艺术界之外,当时大众文化的主流媒介是电视。

这一时期的艺术史通常从贾斯珀·琼斯(Jasper Johns)的《旗帜》(*Flag*, 1954—1955)、弗兰克·斯特拉的《条纹画》(*Stripe Painting*, 1959)或安迪·沃霍尔的《布里洛盒子》(*Brillo Boxes*, 1964)开始,而非从对录像艺术的讨论开始。其部分原因在于,录像艺术兴起于20世纪60年代中期,必须从世界日益被媒体尤其是电视主宰的角度进行考虑;对许多评论家来说,这与艺术的关注点相去甚远。然而,正如旧金山现代艺术博物

图 70 20 世纪 60 年代的米罗华 (Magnavox) 电视广告。
截至 1960 年，90% 的美国家庭拥有了电视机。

馆馆长克里斯汀·希尔（Christine Hill）所说，"第一代录像艺术家的一个基本观点是，要想与电视社会建立批判性联系，就必须主要通过电视来参与"。

以前只能在电影院的新闻片中看到的世界各地的图像，现在以黑白乃至彩色的形式进入了普通家庭。运动影像迅速进入普通家庭：到1953年，2/3的美国家庭拥有了电视机；到1960年，这一比例上升至90%，这一事实对电影产业产生了深远的影响。然而，尽管美国的电视上出现了一些值得注意的例外，比如《90分钟剧场》（Playhouse 90）中的严肃戏剧，但是"艺术"仍然被限定在电影的领域。这一世纪已经建立了一种媒体技术的尊卑秩序，电影仍然是老大，其次是电视，然后是录像，现在是计算机传输图像；可以说，所有这些技术都源于剧场，而剧场因观众流失和艺术家流失而受其他媒体之害最深。

到20世纪60年代，企业电视的全面商业化已经完成，对媒体监察人和许多艺术家来说，电视正在成为敌人。美国人每天看电视达7小时，一个新的消费社会正在形成，它由广告寡头政治造成，而广告寡头政治则是电视持续发展的动力。除了世界性政治动荡和持不同政见者的觉醒之外，巴黎、纽约和许多世界其他地方的学生起义以及性解放都为录像艺术的出现提供了文化语境。

没有人比加拿大作家马歇尔·麦克卢汉（Marshall McLuhan，1911—1980）更清楚地概念化了媒体爆炸的广泛影响。在他的许多写作中，尤其是《媒介即按摩》（The Medium Is the Massage: An Inventory of Effects，1967）中，他帮助一代人了解了媒体对日常生活的巨大影响。"我们的任何一种新媒体，"他在1960年写道，"在某种意义上说，都是一种新语言，是一种通过新的工作习惯和包容的集体意识共同实现的新的经验编纂。""新媒体，"他在1969年继续说道，"并非将我们与旧的'真实'世界联系起来；它们就是真实世界，为所欲为地重塑旧世界遗留的东西。"他对广告和商业电视的批判成了20世纪60年代艺术家/行动主义者的凝聚点。

尽管人们对录像艺术的确切起源一直争论不休[尤其是来自美国女性主义评论家玛莎·基弗尔（Martha Gever）和玛莎·罗斯勒的针对性批评]，但是从一开始就存在着两种类型的录像实践：与替代新闻报道有关的、行动主义者驱动的纪录片和准确来说所谓的艺术录像。

在前者阵营中，有生于加拿大的莱斯·莱文（Les Levine, b.1935）和美国艺术家弗兰克·吉列特（Frank Gillette, b.1941）等所谓游击队摄像师的政治活动，他们在没有新闻媒体通行的适用证件的情况下闯入政治会议和其他有新闻价值的活动中。1965年，半英寸录像设备问世，莱文是最早使用这种设备的艺术家之一。《流浪汉》（*Bum*）探索了纽约下东区所谓贫民窟（Skid Row）中落魄居民的街头生活。1968年，吉列特也走上街头，为聚集在纽约下东区主干道圣马克广场附近的嬉皮士录制了长达5小时的纪录片。莱文和吉列特都采用了一种真实的、身临其境的即兴拍摄风格，没有在素材上添加任何先入为主的艺术或导演元素。该主题被赤裸裸地呈现出来，没有丝毫"艺术性"可言。

在美国，由Videofreex、雨舞公司（Raindance Corporation）、纸老虎电视（Paper Tiger Television，位于纽约）和旧金山的蚂蚁农场等组织牵头的录像集体也迅速崛起。这些早期录像用户受到比他们早十年的法国和美国"真实电影"（cinéma vérité）电影制作人的强烈影响，他们所采用的风格很快在主流电视台的"现场"新闻报道中迅速流行。

一个典型的例子是，最高价值电视（Top Value Television，或TVTV）对1972年美国民主党和共和党大会进行了替代报道。几位TVTV"记者"混进大会主会场，使用半英寸开式磁带盘黑白Portapak采访了从政客到商业电视记者的方方面面，对美国政治和新闻收集过程中的种种弊端进行了一次娱乐性和挑衅性的审视。早期的替代电视（实际上得到了政府的资助）与主流电视之间的联系有其重要的历史渊源。正如美国录像史学家迪尔德丽·博伊尔（Deirdre Boyle）指出的那样，到20世纪70年代末，网络电视意识到游击队电视的娱乐价值，吸收了许多游击队电视的摄像和采访技巧，这就足够了。前者甚至赢得了后者几位成员的支持，其中包括一位行动主义者/制作人乔恩·阿尔珀特（Jon Alpert），他后来成为NBC（美国全国广播公司）电视新闻的制作人。

而更纯粹的以"艺术"为导向的录像史通常会指向1965年

图71 （右上）**安迪·沃霍尔**，《工厂日记：保罗·约翰逊》（Factory Diaries: Paul Johnson），1965。

图72 （右下）**安迪·沃霍尔**，《工厂日记：沙发上的中式晚餐》（Factory Diaries: Chinese Dinner on Couch），1965。

沃霍尔的工厂是多种艺术实践的明确核心。20世纪60年代中期，沃霍尔拥有了他的第一台手持摄像机，他用这台摄像机录制了阁楼里的各种活动，包括人们吃饭、睡觉或简单地对着镜头说话等日常活动。

的那一天，生于韩国的激浪派艺术家和音乐家白南准在纽约购买了第一批索尼 Portapak 录像机，并在当天沿着第五大道行进时将摄像机对准了教皇的随行人员。如此看来，这就是录像艺术诞生的日子。白南准显然在出租车上拍摄了教皇的镜头，并于当晚在一处艺术家的聚集地阿哥哥咖啡馆（Cafe à Go Go）展示了拍摄的结果。

随着录像艺术史不断被重写，我们现在知道，安迪·沃霍尔很可能是美国第一位展示"录像艺术"的艺术家。沃霍尔是最早使用便携式摄像机的人之一。1965 年，他应《磁带记录》（Tape Recording）杂志之邀，尝试使用便携式 Norelco 斜轨录像机、带变焦镜头的遥控电视摄像机和带佳能变焦镜头的 Concord MTC 11 手持摄像机。他制作了两盘 30 分钟的录像带，其中一盘是他的伙伴伊迪·塞奇威克（Edie Sedgwick）的录像带，并将这些录像带融入了他的第一部双投影电影《内外空间》（Outer and Inner Space，1965）中。然而，1965 年 9 月 29 日，就在白南准在阿哥哥咖啡馆展示的几周前，沃霍尔在纽约华尔道夫-阿斯托里亚（Waldorf-Astoria）酒店地下一个大型地下铁路空间的派对上展示了录像（为了展示"地下"录像带，派对也必须是"地下"的）。

白南准拍摄的教皇或沃霍尔录制的某位"超级巨星"为什么会成为录像艺术？在最基础的层面上，它们之所以会被这样认为，是因为这些录像带是由已经与视觉艺术、音乐或表演有关的公认艺术家（沃霍尔和白南准）制作的，作为其艺术实践的一个延伸。与跟随教皇进行采访的新闻记者不同，白南准创作的是一种粗糙的、非商业性的产品，是一种个人表达。白南准并非在"报道"教皇来访的新闻；沃霍尔则是在录制自己制作丝网印刷或摄影的方式。对白南准来说，这是他职业生涯中将录像作为首选媒介的开端。他成了录像艺术的首位"代言人"。"正如拼贴技术取代了油画颜料一样，"引用他的话说，"阴极射线管将取代画布。"

这里的问题在于艺术家的意图，而非电视台主管甚至商业电影制作人或录像制作人的意图：作品不是供销售或大众消费的产品。录像艺术的美学尽管可能带有故意的松散，但是它也要求录像艺术家有一个与常规美学事业相似的艺术起点。录像

图73 （对页下）TVTV，《再过四年》（Four More Years），1972。
低技术外观的便携式摄像机采访的形式很快受到主流电视新闻的推崇，因为它们具有即时的真实性。

作为一门艺术，应区别于在纪录片、新闻报道和其他有目的即应用的领域中使用录像，无论它们如何被艺术化地使用。"艺术"和"艺术性"是两个不同的术语，尽管它们之间存在联系，但两个术语的存在是为了帮助我们区分什么可以被视为艺术和什么不能被视为艺术。艺术技巧可以使商业电视、广告等更加生动，但是这些技巧本身并非我们通常所说的艺术。艺术在于艺术家的意图：在不受其他目的限制的情况下创作或构思某种东西。无论在执行上多么具有艺术性，行动主义摄像师的意图都并非不顾实际应用（这里是指一种传统新闻报道的替代）和只为创造一个个人表达的时刻。

这当然不是说，对录像艺术唯一合法的历史分析必须从那些使用绘画或音乐等更传统媒介的艺术家开始，并将录像融入本质上属于绘画的艺术文化中。但是我们必须认识到，正如纽

约古根海姆博物馆馆长约翰·汉哈特所指出的，正是策展的博物馆文化成了所有艺术作品最终的验证源。该体系认可的艺术家通常使用绘画和雕塑等成熟媒体。

白南准曾于 20 世纪 50 年代在日本学习美学和音乐，他显然是影像艺术家的代表，而非行动主义者或记者。他是韩国人，1964 年，还是学生的他从德国搬到纽约，如他所说就是因为约翰·凯奇。约翰·凯奇在音乐和表演方面的实验性工作对当时许多年轻艺术家产生了巨大的影响。在联邦德国期间，他结识了凯奇和其他激浪派艺术家，并参加了在德国威斯巴登城市博物馆礼堂举办的第一个激浪派艺术节——激浪派国际新锐音乐节。在艺术节上，白南准"演出"了作曲家拉蒙特·扬（La Monte Young）的"乐谱"，内容只有一条"画一条直线并沿着它走"的指令。白南准将头、双手和领带浸入一碗墨水和番茄

图 74 （对页左）**白南准**，《头之禅》（*Zen for Head*），1962。

图 75 （对页右）**白南准**在激浪派国际新锐音乐节上为鲍勃·莫里斯（Bob Morris）表演拉蒙特·扬的《作品 1960 #10》（*Composition 1960 #10*），作为他的《头之禅》，威斯巴登，德国，1962。

图 76 （右）**白南准**，帕纳斯画廊的电视装置，伍珀塔尔，1963。白南准电视屏幕上的这条线实际上显示了 20 世纪 30 年代末出现在第一台电视机上的第一幅图像。

汁的混合物中，然后沿着一个水平长卷拖行。后来，白南准在1968年的《电视佛》(Video Buddha)中再次使用了这条直线，一尊佛像坐在一个电视屏幕前，屏幕上只有一条黑色的水平线。

对白南准和其他早期的录像艺术实践者，包括丹·格雷厄姆、布鲁斯·瑙曼、琼·乔纳斯和约翰·巴尔代萨里（John Baldessari）来说，最吸引人的还是录像即时传输图像的能力，此外它也相对经济实惠。对这些艺术家来说，录像的自发性和即时性至关重要，因为他们都专注于与时间（而且通常包括记忆）有关的主题。录像记录并显示即时时间，而电影则必须经过处理和加工。格雷厄姆认为："录像反馈的是直接的、当下环境的当地数据。电影是沉思的、'有距离的'；它使观众脱离当前的现实，成为旁观者。"此外，由于采用了多种投影设备，特别是白南准，因此可以再现带来混乱感和随机感的多种图像，不断争夺我们的注意力。

录像还提供了一种通常在电影中无法实现的亲密感。在维托·阿肯锡和布鲁斯·瑙曼等艺术家的手中，他们在字面上用摄像机在虚构的情境中（阿肯锡）或在自己的工作室里 [瑙曼、

图77 **白南准**，《电视禅》(Zen for TV)，1963—1975。

霍华德·弗里德（Howard Fried）]对准自己，录像成为长期以来与绘画，尤其是与强调绘画本身的身体行为的抽象表现主义有关的艺术姿势的延伸。通过录像，艺术家的姿势可以被记录下来，他或她的身体可以在创作行为中被观察到。

在买到 Portapak 时，白南准已经开始在艺术创作中使用电视。1963 年，白南准在德国伍珀塔尔的帕纳斯画廊的空间中摆满了电视，有的在地板上，有的被侧放着，都在努力打破观众与电视机的正常关系。虽然这件早期媒体雕塑作品中的扭曲图像并非白南准独有，但是这种对来自家庭客厅正常设置的电视机进行重新配置和移位的做法一直是艺术家关注的核心问题。

同样在 1963 年，德国艺术家沃尔夫·弗斯特（Wolf Vostell, 1932—1998）在他称为"去拼贴"的杂志封面中放置了电视监视器，并宣布电视机从现在开始已被一位艺术家挪用。早些时候，弗斯特在他的第一件《电视去拼贴》（1958）中，在一块白色画布后面的一个木箱中放置了 6 台电视监视器。他在展览时说，"该电视机被宣布为 20 世纪的雕塑"，听起来就像白南准对画布的死亡充满信心一样。他们早期的热忱为新的电子艺术提

图 78 **沃尔夫·弗斯特**，《电视去拼贴 1 号》，1958。

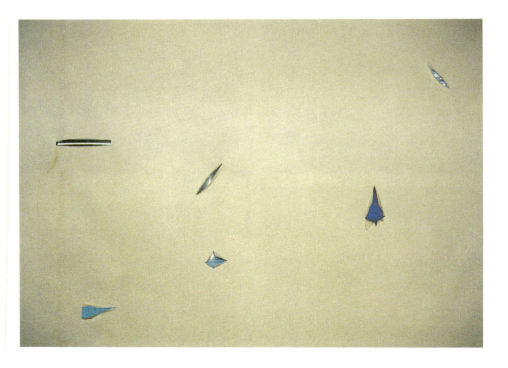

下,从左上角开始顺时针方向:

图 79　**道格拉斯·戴维斯**,《录像对录像》(*Video against Video*),1972。

图 80　**道格拉斯·戴维斯**,《街头句子》,1972。

图 81　**道格拉斯·戴维斯**,《畅所欲言》,1972。

图 82　**道格拉斯·戴维斯**,《黑白录像带研究1》,1971。

供了一个凝聚点。弗斯特和白南准再语境化了监视器,因此开创了一种脱离人们熟悉的家庭商业中心来观看小屏幕的新方式。现在,电视媒介可以说已经从商业制作人的控制中解放出来,艺术家可以探索在电视媒介上播放的内容,而非主要由商业驱动的内容。

　　录像艺术从诞生之初到20世纪80年代中期,对电视的批判态度一直占据主导地位。像之前的激浪派电影艺术家一样,录像艺术家经常以后现代主义的讽刺口吻,对围绕电视的文化战争以及电视在20世纪家庭中的流行发表评论。理查德·塞拉(Richard Serra, b.1939)的《电视催生了人》(*Television Delivers People*, 1973) 以滚动文本的形式批评了作为企业娱乐活动的电视。为了突出他的文化批判,塞拉使用了一种米尤扎克背景音乐,一种在世界各地的电梯和商场中播放的平淡无奇的混合音乐。在20世纪70年代早期的一系列录像带中,包括《黑白录像带研究1》(*Studies in Black and White Videotape 1*, 80–8 1971)、《畅所欲言》(*Talk-Out*, 1972) 和《街头句子》(*Street Sentences*, 1972),美国艺术家和评论家道格拉斯·戴维斯通过

图 83　**出光真子**，《秀夫，是我，妈妈》，1983。

在众所周知的电影《楚门》(*Truman*)中，主人公的生活在不知不觉中被录制下来，并被转播到世界各地的电视机上。出光真子早在十五年前就创作了这样一个名叫秀夫的角色，无论他走到哪里，母亲都会出现在录像屏幕上，对他进行持续的监视和评判。

打破"第四堵墙"并直接面对观众，探讨了已被接受的电视使用时间和空间的假设。像阿肯锡一样，他驳斥了媒介亲密的假设，揭示了它作为一种有距离感的设备的真实面目。饭村隆彦(Taka Iimura, b.1937)在20世纪70年代初创作的颠覆感知的录像中，努力探讨语言和记录图像的虚幻性。在《双像》(*Double Portrait*, 1973)中，饭村利用延迟音频播放和反向图像播放，揭露了电子图像的"可疑现实"。

在德国艺术家克劳斯·冯·布鲁赫(Klaus vom Bruch, b.1952)的《软带》(*Das Softiband*, 1980)中，电视广告令人麻木的效果与令人不安的战争片段交织在一起。似乎永无休止反复播放的面巾纸广告凸显了电视的力量，即使是最令人心酸的事件也会被轻视，因为战争片段档案与广告在相互争夺观众的注意力。

在日本艺术家出光真子(Mako Idemitsu, b.1940)的录像中，文化和媒体的批判达成了卡夫卡式的融合，在这些饱受折磨的家庭成员的录像中，他们永远无法逃脱母亲的监视，因为无论他们走到哪里，母亲都会通过电视监视器监视着他们。在出光的《秀夫，是我，妈妈》(*HIDEO, It's Me, Mama*, 1983)和

图 84　艾德·艾姆许维勒,《生热》
(*Thermogenesis*),1972。

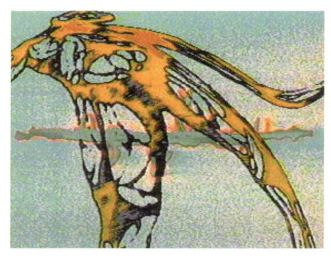

图 85　**基思·索尼尔**,《动画 II》
(*Animation II*),1974。

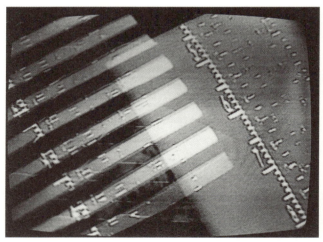

《伟大的母亲》(*Great Mother*, 1983—1984)三部曲等心理叙事作品中,她通过让电视肥皂剧的情节在背景中不断上演,表达了日本生活的束缚性。

　　除了批评电视媒介之外,一些早期的录像艺术家利用摄像机技术,创造了开创性的表达方式,这些表达方式既被其他艺术家使用,也被主流媒体和广告篡夺。美国人艾德·艾姆许维勒(Ed Emshwiller, 1925—1990)是一位抽象表现主义画家、电影制作人和教师,他以自己独创的艺术和电子策略来运用视频合成器和计算机系统的功能。在《景观 - 伴侣》(*Scape-mates*,

1972)中,艾姆许维勒利用了一种计算机动画形式,呈现出一种将具象与抽象元素融合在一起的引起幻觉的舞蹈。同年早些时候,他在美国最早从事计算机成像的公司之一海豚(Dolphin)的工程师的协助下,利用自己的黑白素描,创作了《生热》。这是一件录像作品,在一个与罗伯特·穆格(Robert Moog)合作使用穆格音频合成器制作的声音环境中与意象共舞。

1973 年开发了图像处理器(Image Processor)的丹·桑丁(Dan Sandin)对视频的兴趣源于他在 20 世纪 60 年代末参与的学生抗议活动。图像处理器被称为 IP,是一种用于视频图像操控的模拟计算机。桑丁在《螺旋 PTL》(*Spiral PTL*)中,使用 IP 将一个由点组成的线性螺旋按音乐节奏运动,同时伴有电子嗡嗡声和流水声的背景音乐。美国艺术家基思·索尼尔(Keith Sonnier, b.1941)使用一种早期型号的计算机扫描仪 Scanimate,以一种绝对抽象的方式,创作了感性的多图像拼贴画。《涂色的脚:黑光》(*Painted Foot: Black Light*, 1970)和《颜色擦除》(*Color Wipe*, 1973)都展示了对光线和色彩的广泛形式实验。他的《动画 II》记录了抽象的形状和色彩,隐喻了颜料和绘画的属性。

1965 年移民美国的斯坦纳·瓦苏尔卡与伍迪·瓦苏尔卡(Steina and Woody Vasulka)夫妇(斯坦纳·瓦苏尔卡 1940 年生于冰岛,伍迪·瓦苏尔卡 1937 年生于捷克斯洛伐克)也是早期录像艺术技术创新者中的佼佼者。他们从商业电视手中接过控

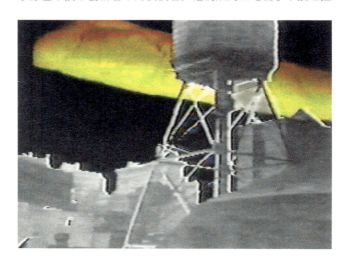

图 86 斯坦纳·瓦苏尔卡与伍迪·瓦苏尔卡,《金色航行》(*Golden Vcyage*),1973。

制权，开始通过为艺术家创造设备，特别是在数字处理和电子图像处理领域，来推动录像技术的发展。与艺术家不断探索其媒介工具的古老做法一致，瓦苏尔卡夫妇热衷于了解录像的内部运作：在时间事件中以电压和频率形式组织的电能。

就像画家对其调色板内容的关心一样，这些创新者也以与抽象艺术家或色彩学家相同的方式探究录像媒介。与商业电视的电气工程师不同，他们感兴趣的是录像在艺术上发挥作用的机制，而非它们如何能够增强商业产品的图像传输。在某种意义上说，瓦苏尔卡夫妇就体现了这样一种观念，即录像艺术之于电视，就像工作室绘画之于早期的素描或绘画广告。在《家》（Home, 1973）等作品中，瓦苏尔卡夫妇巧妙地将着色和电子成像技术融入日常物品中，使其富有魅力；而在《金色航行》这件向马格里特（Magritte）致敬的多层次作品中，瓦苏尔卡夫妇发明了新的电子操控手段，改变了观众的感知，就像一个世纪前点彩派和印象派在绘画中的做法一样。《词汇》（Vocabulary, 1973—1974）是他们尝试对图像进行数字操控的成果，这些图像与今天在计算机显示器和电视上随处浮动的、基于计算机的图像十分相似。艺术家用以特写镜头拍摄的一只手的图像作为艺术创作的隐喻，制作了一个电子雕塑，光线从其中射出，其他物体通过它被塑造并被赋予了自己的生命。

白南准的影响力几乎遍及录像艺术的所有领域，他以白阿部合成器（Paik/Abe Synthesizer）为最早的新技术之一做出了贡献，白阿部合成器是一个用于图像操控和色彩化的设备，由他和电子工程师阿部修也（Shuya Abe）一起开发。白南准的《组曲212》（Suite 212, 1975, 1977年重新编辑）是白南准的个人纽约笔记本。这件作品其实是一幅不朽的电子拼贴画，由被令人眩晕的色彩强调的修改图像组成，为白南准后来对意象和文化的研究奠定了基础，其中一个经典的例子是《蝴蝶》（Butterfly, 1986），一个由拼贴图像和音乐组成的充满活力的混合物。

许多艺术家从白南准和瓦苏尔卡夫妇那里汲取灵感，在他们对技术的批判中融入了复杂的技术。马克斯·阿尔米（Max Almy, 1948）是一位洛杉矶艺术家，她在后现代表演中使用计算机动画和数字特效，创造了一个被技术泯灭人性的世界。在《离开20世纪》（Leaving the 20th Century, 1982）中，阿尔米创

图 87 （上）图雷·斯约兰德、拉尔斯·威克和本特·莫丁，《瑞典国王》（King of Sweden，上）和《查理·卓别林》（Charlie Chaplin，下）。两段扭曲的电视电影片段来自电影《纪念碑》（Monument），1967。后来计算机动画的许多创新都是由录像艺术家开创的，他们很早就开发了电子成像技术。

图 88 （右）约翰·巴尔代萨里，《我在搞艺术》（I Am Making Art），1971。观念艺术家约翰·巴尔代萨里等人创作了几部家庭录像，这些录像故意不加修饰，目的就是抨击高雅艺术的伪装。

造了一个人际关系和交流尝试完全失败的未来景观。在这一计算机化录像艺术的早期实验中，时间旅行通过计算机芯片以富有想象力的方式实现。

电视也让艺术家受益匪浅。美国和欧洲的公共电视台通过允许使用设备齐全的演播室促进了实验。从 20 世纪 60 年代末开始，波士顿公共电视台 WGBH，在洛克菲勒基金会的资助下，创办了新电视工作坊，由弗雷德·巴尔兹克（Fred Barzyk）领导。1969 年，6 位艺术家 [白南准、艾伦·卡普罗、奥托·皮纳（Otto Piene）、詹姆斯·西赖特（James Seawright）、托马斯·塔德洛克（Thomas Tadlock）和阿道·坦贝里尼（Aldo Tambellini）] 使用 WGBH 的设备为一个名为"媒介即媒介"（The Medium is the Medium）的节目制作了录像带，并在全国播出。这是新的录像艺术实践截至当时获得的最广泛的亮相。

在旧金山公共电视台 KQED 工作的罗伯特·扎贡（Robert Zagone）在《录像空间》（Videospace, 1968）中通过多种摄像机反馈技巧创造了抽象形式的诡异的解体。他还在多层次的舞者录像带《无题》（Untitled, 1968）中复制了一种梦境，该录像带就像一个更新和动画版本的迈布里奇计时仪。瑞典艺术家图雷·斯约兰德（Ture Sjölander）、拉尔斯·威克（Lars Weck）和本特·莫丁（Bengt Modin）制作了《纪念碑》。这是一个实验电视节目，它将预先录制的电影、幻灯片和录像带结合在一

图 89　**白南准**,《蝴蝶》,1986。

图 90 马克斯·阿尔米,《离开 20 世纪》, 1982。

起,在将图像从录像带传输到电视的过程中扭曲了图像。历史学家吉恩·扬布拉德在首次看到这些作品后说:"我们看到披头士、查理·卓别林、毕加索、蒙娜丽莎、瑞典国王和其他著名人物被一种疯狂的电子疾病扭曲了。"

彼得·达戈斯蒂诺(Peter d'Agostino, b.1945)的《远程磁带》(Tele Tapes, 1981)由纽约公共电视台WNET旗下颇具影响力的电视实验室制作,其中融合了纸牌游戏、把戏和各种电视效果,让观众面对"经验现实"和"电视现实"。

观念录像

其他一些早期的录像艺术探索来自已经在实践自己观念艺术和极简艺术形式的艺术家,他们的作品混合了行为艺术的强烈影响。事实上,许多早期的录像艺术在某种程度上都可以被看作对表演或后来被称为"表演性"行动的记录。约翰·巴尔代萨里(b.1931)是一位加利福尼亚观念艺术家,他在20世纪60年代早期的作品中使用了摄影和语言,创作了一系列拍摄粗糙但是观念严格的黑白录像,其中许多创作于1971年。在《我在搞艺术》中,巴尔代萨里拍摄了自己熟悉的衣冠不整的状态,他身着白衣,站在白色砖墙前。他一边做着小而谨慎的动作(显然没有经过编排),一边一遍又一遍地重复着标题中的字词。在将近20分钟的时间里,他一个姿势接着另一个姿势,系统地

图91 维托·阿肯锡,《主题曲》(Theme Song),1973。
在阿肯锡讽刺性的录像独白中,观众和偷窥者的概念是相互关联的。他粗暴地引诱观众与他一起进入摄像机。

揭穿了所有"高雅"艺术（比如抽象表现主义）乃至 20 世纪 60 年代行为艺术中一些"低俗"艺术的伪装。

另一位与观念主义有关的加利福尼亚艺术家是霍华德·弗里德（b.1946），他的《丑角内部》系列（Inside the Harlequin series, 1971）预见了 20 年后马修·巴尼（Matthew Barney）的作品。在这个以多屏幕投影呈现的系列中，弗里德借助悬挂的金属丝和保护带在工作室的墙壁上攀爬。他将工作室呈现为一个可以完全进入并征服的地方。

除了在上一章中讨论过的表演性作品之外，维托·阿肯锡还在 1971 年的几部黑白单通道录像作品中探讨了身体在艺术和生活中的位置。阿肯锡被隔离在一个盒子里或一个房间的角落

图 92 （下）琼·乔纳斯，《有机蜂蜜的垂直滚动》，1972。
版权所有 ©1976，芭贝特·曼格尔特，保留所有复制权。

图 93 （右）琼·乔纳斯，《有机蜂蜜的垂直滚动》，1973。
像阿肯锡一样，乔纳斯通过使用多面镜子混淆任何透视感，颠覆了观众和电视图像之间的关系。

图94 （下）**琼·乔纳斯**,《左边,右边》(*Left Side, Right Side*)，1972。像阿肯锡一样，乔纳斯通过使用多面镜子混淆任何透视感，颠覆了观众和电视图像之间的关系。"从一开始，"她说，"镜子就为我的调查提供了一个隐喻，同时也是一个装置，改变空间……并反映观众，将他们带到该空间中。"

图95 （对页上）**汉娜·威尔克**,《姿势》(*Gestures*)，1973。这件作品初看像一个护肤霜广告，之后变成了对理想化女性图像的怪诞讽刺。

里，将摄像机对准自己，直接面对观众并与观众进行心理文字游戏，探究观众（或偷窥者）与被监视主体之间的关系。因此，他制造（并反映）了媒介的虚假亲密感。在《主题曲》中，阿肯锡躺在地板上，离摄像机只有几英寸远，面前是一个黑白条纹的沙发，并且试图诱惑观众加入他。"我想让你进入我的身体，"他反复恳求着，一边没完没了地抽着烟，一边在地板上变换着姿势。在《填充物》(*Filler*, 1971)中，阿肯锡躺在一个纸箱内的地板上，面对摄像机，时不时地咳嗽几声，暗示着一种可怜的诱惑。无论是有意还是无意，阿肯锡的自恋录像表演都是对那些习惯于花边电视、痴迷于名人的人的完美衬托。

如果说阿肯锡从一个男性视角揭示了电视图像的虚假亲密，那么几位女性艺术家就在20世纪70年代提请人们注意电视、电影和色情作品中常见的女性再现。"个人的即政治的"这一经常听到的呐喊，使得艺术话语更加开放，并将女性视角纳入其中。社会性别、生理性别（同性的和异性的）以及女性在艺术和社会中的角色等问题在艺术中无处不在。

琼·乔纳斯（b.1936）因其表演作品而闻名，她的大量录像作品已经成为该媒介复杂性的定义。《垂直滚动》（1972）指

图96 （下）**达拉·伯恩鲍姆**，《技术变革：神奇女侠》（Technology Transformation: Wonderwoman），1978—1979c

伯恩鲍姆从一个广受欢迎的电视角色入手，驳斥了"神奇女侠"的神话。

的是一种会导致电视图像在屏幕上保持不停滚动的中断电子信号，它利用了编舞和极简雕塑中常见的重复的力量，使人们对女性身体的感知变得支离破碎、困惑迷惘。当乔纳斯被拍摄成为肚皮舞者、20世纪30年代的电影明星时，她的图像被无情的电子滚动从视野中撕裂。在整个过程中，她用勺子敲打着摄像机的前方，勺子是一个家庭生活的简单隐喻，这进一步迷惑了观众并传达了她感到的愤怒。

在《左边，右边》中，乔纳斯以一种更加异想天开的方式，用该摄像机和一面镜子表演把戏，进一步混淆了观看反向图像时的左右感知。乔纳斯使这种困境更加夸张，一直重复着说，"这是我的左边，这是我的右边"，直到观众再也分不清实际上哪是她的左边、哪是她的右边。像阿肯锡一样，她通过混淆传统视角来颠覆媒介本身，同时通过以传统媒体中罕见的女性身体的方式使用自己的身体，创造出一个引人注目的个人和女性主义景观。"使用录像创作，"她说，"让我能够发展自己的语言，一种诗意的语言。录像是让我作为一个空间元素并在其中与自己一起攀爬和探索的东西。"

德国出生的艺术家汉娜·威尔克（Hannah Wilke, 1940—1993）在《姿势》中也探讨了艺术家及其身体与传统女性展现方式之间的动态关系。在这件作品中，她将摄像机对准自己的脸部拍摄特写并用手指和舌头做出性暗示的姿势。随着她扭曲脸部，这些姿势逐渐变得怪诞，因此深入浅出地解释了展现在屏幕上的女性身体。同样，美国艺术家林达·本格里斯（Lynda Benglis, b.1941）在《现在》（Now, 1973）中投影了预先录制的自己面部特写的图像，并对着摄像机进行实时表演，与自己的图像进行交互，在探索这种新媒介的可能性的同时，批判了使用这种媒介贬低女性身体的做法。

达拉·伯恩鲍姆（Dara Birnbaum, b.1946）在《技术变革：神奇女侠》中，对 20 世纪 70 年代流行的美国电视节目《神奇女侠》中的图像进行了操控，并驳斥了将女性作为体态优美的奇迹创造者和情人的神话。通过对单个图像的精心剪辑，伯恩鲍姆让神奇女侠在重复和支离破碎的图像的狂欢中旋转，在字面上解构了传统的电视神话。

古巴出生的安娜·门迭塔（Ana Mendieta, 1948—1986）在女性主义媒体艺术的历史研究中常常被忽视。在爱荷华大学跨媒体系攻读研究生期间，门迭塔创作了表演、录像和电影，表达了她对自己身体与大地之间的内在联系的感受。她会对着摄

图 97　**安娜·门迭塔**，《身体轨迹（血象 #2）》[*Body Tracks (Blood Sign #2)*]，1972—1974。门迭塔在许多表演中用自己鲜血淋漓的身体作为牺牲的精神隐喻。

图 98 **克里斯·波顿**，《温柔地穿过黑夜》（*Through the Night Softly*），1973。
波顿经常通过在极端情境中将自己的身体作为艺术的方式来挑战艺术创作过程，比如在玻璃上爬行或让手臂被枪击中。

图 99 **彼得·坎普**，《动态场域系列》（*Dynamic Field Series*），1971。

像机表演，扭曲自己压在大块玻璃上的身体，或将大量动物血液倒在自己身上，并将自己身体的一部分印在纸上或其他表面上。在她于 1974 年在荒无人烟的墨西哥埃尔亚古尔拍摄的电影《埋葬金字塔》（*Burial Pyramid*）中，一堆岩石开始移动，仿佛受到地震的震动。随着岩石被移动，门迭塔出现，赤裸地仰卧在岩石下，岩石随着她身体的移动而移动。这些表演录像带始于 1972 年，被收录在《身体轨迹》（1974）系列中。

然而，对身体的探索并不局限于女性艺术家。美国人克里斯·波顿（Chris Burden, b.1950）对危险中的身体的激进探索颠覆了所有"高雅艺术"创作过程的概念。他基于表演的作品旨

在震撼观众,使表演者与观众之间形成一种新的关系,观众被表演者的极端行为牵涉其中。波顿的早期录像和电影是他往往令人震惊的表演行动的文献记录,包括《枪击》(Shoot, 1971),其中一颗子弹被射入他的手臂;以及《温柔地穿过黑夜》,其中,他趴在地板上,双手被反绑在背后,只穿着一条短裤,在满是碎玻璃的街道上匍匐前行。在《伊卡洛斯》(Icarus, 1973)中,他赤裸地躺在工作室的地板上,几位受邀的朋友充当他的观众/见证人,当悬挂在他上方和周围的窗帘被点燃时,他"侥幸逃生",这一过程被录制下来。与此类录像艺术作品一以贯之,波顿亲自解说这些录像带,俨然一位年轻的敢于冒险的观念主义者。他的声音毫无讽刺意味。他确信自己的冒险行动揭示了他对自己的身体与世界和艺术的关系的心理洞察。

其他通过录像表演探索个人和空间身份的早期录像艺术实践者包括彼得·坎普(Peter Campus, b.1937)。在《动态场域系列》中,艺术家在工作室里进行了一系列自我要求的耐力训练,比如攀爬绳索,而摄像机则从许多不同角度对他进行拍摄,以至于观众永远无法确定什么是真实的、什么是想象的。他的《三个转变》(Three Transitions, 1973)被认为是一盘经典录像带。坎普使用录像媒介作为内在和外在自我的隐喻,创造出一种转变的幻觉;在这种幻觉中,他似乎在背后捅了自己一刀,擦除了自己脸部的表面,或者爬过自己破裂的背部。

布鲁斯·瑙曼(b.1941)也使用自己的身体创作录像:在

图100 （对页上）布鲁斯·瑙曼，《墙壁／地板位置》，1968。

图101 （对页下左）布鲁斯·瑙曼，《颠倒旋转》，1968。
瑙曼认为，无论多么平凡，他在工作室中表演的活动与他的雕塑之间存在着某种关系。在他的作品中，表演和雕塑是联系在一起的。"我认为这就像走进工作室，"他说，"参与一些活动。有时候活动涉及创作一些东西，有时候活动就是作品。"

图102 （下左）威廉·韦格曼，《作品选·第6卷》（Selected Works: Reel 5），1975。

图103 （下右）胡安·唐尼，《移动》（Moving），1974。
艺术家胡安·唐尼等人使用录像作为一种日记形式或个人思想和印象的视觉记录。

《墙壁／地板位置》（Wall/Floor Positions, 1968）中，他在工作室的墙壁和地板上摆出雕塑的姿势。当艺术家用身体定义工作室的物理空间时，观众受邀偷窥工作空间中的艺术家。他的几盘录像带是对其标题的字面诠释 [《角落里的弹跳 1 号》（Bouncing in the Corner no.1）,《颠倒旋转》（Revolving Upside Down）,《在工作室里跺脚》（Stamping in the Studio, 1968）]，当他在工作室里以不同的姿态运动时，身体就成了雕塑材料。这些录像带还反映了早期录像艺术家的普遍做法，即干脆让录像带一直转到最后，因此有意摒弃了传统的剪辑方式。直到 1975 年，市场上才出现了价格更便宜的剪辑设备。

瑙曼是一个艺术家仅把录像作为自己艺术实践的另一种媒介的好例子。对瑙曼和同时代的其他人而言，他们在孜孜不倦地追求新的表达方式，目的是如他所言"弄清如何继续"。瑙曼对简单重复绘画的传统问题不感兴趣（他对德库宁在绘画中探索自己对毕加索的反应的方式颇为欣赏），瑙曼"对艺术可以是什么感兴趣，而不仅是绘画可以是什么"。因此，材料既要紧又不要紧，因为艺术创作不受任何限制。

以拍摄宠物狗有趣又感人的照片而闻名的美国人威廉·韦格曼（William Wegman, b.1943）在工作室中的自我探索更显幽默，同时捕捉到了一种新兴媒介的蓬勃发展。20 世纪 60 年代末，韦格曼开始为他的狗曼·雷录像，制作了一批早期作品，将狗的运动与韦格曼对生活和艺术的文字叠加并置，颇具讽刺意味。

在《作品选·第 6 卷》中，曼·雷和另一只狗专注于摄像机外的一个物体，于是这两只坐着的狗以类似网球比赛中观众的同步节奏左右摆头。韦格曼经常在他的作品中援引现代艺术史。在《分割三明治》(Split Sandwich, 1970) 中，他像杜尚一样出现在一个镜头中，扮演杜尚杜撰的人物罗丝·塞拉维（Rrose Selavy），而他的《曼·雷曼·雷》(1978) 则是由韦格曼的同名宠物狗扮演的艺术家曼·雷的"传记"。

其他重要的早期录像艺术家使用这种媒介作为日记的某种形式。安迪·沃霍尔在 1970 年购买索尼 Portapak 后，开始拍摄他的《工厂日记》(Factory diaries)，记录了他的工作室中数百小时的活动，一直持续到 1976 年。胡安·唐尼（Juan Downey, b.1940）是一位在纽约生活多年的智利艺术家，他使用录像进行艺术家的自我探索，同时选择文化的非连续性作为一种生活方式。在《移动》中，唐尼带着他的 Portapak 穿越美国，进入南美洲（秘鲁、玻利维亚），一直抵达他的故乡智利南端，同时创作了一部试图找回迷失自我的录像日记。

20 世纪 70 年代的其他几位艺术家也在他们的录像带中反映了观念主义对语言的运用。加里·希尔（b.1951）从 1973 年开始从事录像艺术创作，他在录像艺术中使用语言和文本的方式与其他人使用音乐的方式如出一辙。在《电子语言学》中，他尝试通过在屏幕上快速连续地描绘运动的电子生成形状（线条、曲线）来视觉地演绎电子声音的形状。希尔将图像视为一

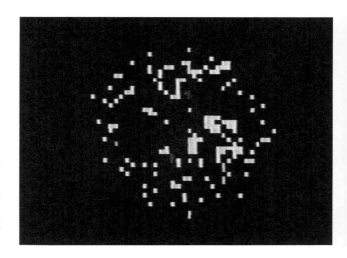

图 104　**加里·希尔**，《电子语言学》(Electronic Linguistics)，1977。字词、声音、图像、运动都是希尔的语言。他的大部分作品都试图将人类通过各种语言获得意识的尝试视觉化。

图 105　**肯·费恩戈尔德**，两幅静帧来自《纯粹的人类睡眠》(*Purely Human Sleep*)，1980。费恩戈尔德从新闻报道、广告和电视中发现了潜入我们生活的无意识恐惧。

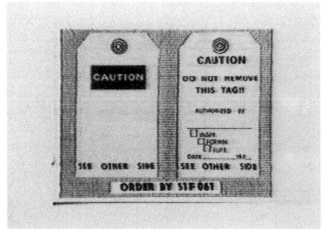

种语言，并通过录像艺术媒介来不断地重新发明这种语言。

　　希尔还为自 20 世纪 80 年代中期起出现的第二代录像艺术家提供了有用的连接。随着艺术家迅速适应了价格越来越便宜的摄像机，尤其是彩色摄像机，以及处理技术，录像艺术开始不只是一种对电视做出反应的艺术，或仅是将视觉艺术的趋势转化为录像媒介的艺术（观念主义、身体艺术、过程艺术），而且是具有自己特征的艺术。这一时期出现的艺术家主要是曾经和未来的录像艺术家，而非涉足录像的雕塑家、摄影师或画家（比如塞拉或巴尔代萨里）。虽然希尔曾是一位雕塑家，但是他后来彻底转行到了录像领域。虽然他的录像装置作品明显受到了雕塑的影响，但是他的主要探索仍然在电子艺术领域内。

肯·费恩戈尔德（Ken Feingold, 1952）的电子艺术生涯始于录像，一直延续到复杂的基于计算机的作品。希尔的意象通常来自路德维希·维特根斯坦的哲学写作；而费恩戈尔德20世纪80年代初的录像[《水从一个世界落到另一个世界》（*Water Falling From One World to Another*, 1980），《纯粹的人类睡眠》，《遗忘的寓言》（*Allegory of Oblivion*, 1981）]则反映了他对拉康精神分析学和符号学的兴趣，强调语言与图像、自我与他者之间的某种亲密关系，无论是真实的还是想象的。费恩戈尔德用语言符号将后现代的存在描绘成一个"被哲学、新闻和艺术分裂的"世界。

法国最有影响力的录像艺术家之一罗伯特·卡恩（Robert Cahen, b.1945）的作品也反映了他对语言、声音和图像的理智探索，这种探索从20世纪60年代开始就受到电影制作人让-吕克·戈达尔的青睐。在《只是时间》和《布列兹-应答曲》（*Boulez-Repons*, 1985）等录像带中，可以明显看出他与

图106　**罗伯特·卡恩**，《只是时间》（*Juste le Temps*），1983。卡恩的图像常常让人感觉属于电影而非录像，但是他设法将电影的文本深度感与录像的实时即时性结合在一起。

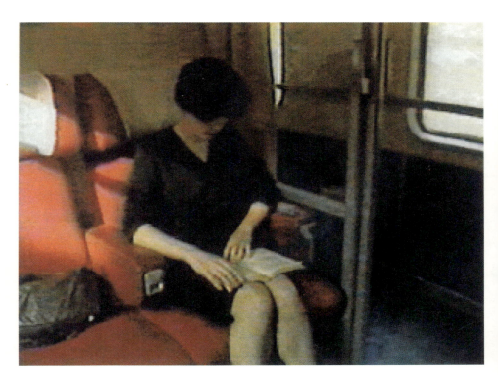

戈达尔的亲近。在前者中,卡恩创造了一个由多个图像组成的抽象景观,这些图像通过女主角所坐的火车的车窗时隐时现。在《布列兹-应答曲》中,卡恩运用电子处理技术,将皮埃尔·布列兹的音乐作品融入水、天空和树木的图像中。

尽管并不完全,20世纪80年代和90年代的录像艺术家大多将注意力转向反映对身份(尤其是文化的或性的)和政治自由追求的个人叙事。这些发展往往是经济现实的表达。西欧、北美和一些日本艺术家生活在一个相对和平且经济繁荣的时代,有些艺术家感到自己被排斥在外,转而用录像来传达他们实现个人社会平等的强烈愿望(就女性、性少数和少数族裔而言);然而在东方(包括东欧、中东和远东),政治斗争仍然处于艺术和经济关注的前沿。主要由于艺术差异,同时部分由于经济原因,录像艺术直到20世纪90年代共产主义在苏联衰落后才流行起来。艺术与技术小组 SKB Promotei 的创始人之一布拉特·加列耶夫(Bulat Galeyev)曾说,在苏联录像不被视为"艺术"。在苏联时期,录像的潜在监控使用可能也使得这种形

图107 V. 布卡廷(V. Bukatin)、布拉特·加列耶夫和R. 赛富林(R. Sayfullin),《电子画家》(*Electronic Painter*),1975—1980。
苏联艺术与技术小组 SKB Promotei 在艺术探索被他们国家官方禁止的时代,设法创造了视觉上引人入胜的录像实验。

图 108　**佩特·福尔加奇**,《私人匈牙利：巴托家族》(*Private Hungary: The Bartos Family*),1988。匈牙利录像艺术家福尔加奇从佐尔坦·巴托拍摄的家族电影中收集的斯大林统治下的珍贵生活片段。

式在苏俄处于休眠状态。然而,加列耶夫的小组确实在一系列名为《电子画家》的作品中尝试了电视监视器的使用;这些作品涉及通过放置在监视器内的电子发生器对彩色图像进行编程。他们的《太空奏鸣曲》(*Space Sonata*, 1981) 是对外太空语境中的身体的抽象探索。在匈牙利,始于 1988 年,佩特·福尔加奇 (Péter Forgács) 在《私人匈牙利:巴托家族》中,使用巴托家族长子佐尔坦·巴托（Zoltan Barto）拍摄的片段，创作了一个斯大林统治下的生活记录。

个人叙事

比尔·维奥拉（Bill Viola, b.1951）的录像艺术将在下一章被详细讨论，他对肉体自我和精神自我的长期探索始于他20世纪70年代和80年代的单通道录像。对维奥拉来说，录像是一种非常个人化的媒介，其中蕴含着全方位的表达可能性。在这一点上他超越了其他的艺术家。像年轻画家在画布上实验不同颜料的感觉一样，维奥拉在1973年的录像《信息》（Information）中把玩了录像机的电子设备。他利用一个技术错误（一个自中断信号）创造了一个他可以从外部控制的图像序列。由于受过音乐和声学训练，维奥拉将声音和明暗的相互作用置于艺术的中心。他在摄像机前表演时，背上叠加了一个扬声器[《为我的雀斑演奏灵魂音乐》（Playing Soul Music to My Freckles），1975]，他的图像反映在一个咖啡杯中，随着他喝掉杯中的咖啡而逐渐消失[《非乳制奶油》（A Non-Dairy Creamer），1975]。东方神秘主义的基本概念自我和非我长期以来一直吸引着维奥拉，并在他至今的所有作品中发挥着核心作用。艺术家被一只猫头鹰的眼睛捕获的映像，通过他1986年发布的录像《我不知道自己是什么样子》（I Do Not Know What It Is I Am Like），成为他的个性化标记。基于一段调查众生关联性的梵文文本，维奥拉对自我认知的寻找在这段由五个部分组成的形而上学之旅中得以视觉化。

阿肯锡和乔纳斯等20世纪70年代艺术家的低技术表演风格在几位女性艺术家作品中的回响尤其强烈。生于瑞士的皮皮洛蒂·瑞斯特（b.1962）、美国人谢丽尔·多尼根（Cheryl Donegan）、莎蒂·班宁（Sadie Benning, b.1973）和菲利斯·巴尔迪诺（Phyllis Baldino, b.1956）等艺术家将身体完全置于个人/政治领域。在1986年的录像《我不是错过太多的女孩》中，瑞斯特在摄像机前狂舞的同时重复着片名的歌词（也是一首流行歌曲），与玛丽娜·阿布拉莫维奇的早期作品遥相呼应。随着她的舞姿越来越怪诞，这一对MTV的批判变成了对流行文化中贬低女性身体的锐评。谢丽尔·多尼根1993年的作品

《头》(Head) 节奏更慢，更具讽刺意味，艺术家一边喝着塑料洗涤剂瓶中的白色液体，一边在色情行业的兴起中发出夸张的快感声。她的《线》(Line, 1996) 沿用了戈达尔的电影《蔑视》[Contempt，片中碧姬·芭铎（Brigitte Bardot）饰演的女性与自大狂电影导演纠缠不清）] 的情节，以严谨的构思讽刺了男性在艺术中的姿态。

美国艺术家莎蒂·班宁是一位自称女同性恋的录像制作人，她的日记体作品始于 20 世纪 80 年代末，在非常个人化的叙事中保持了早期录像的即兴精神。班宁用费雪牌（Fisher-Price）玩具摄像机，在《新的一年》(A New Year, 1989)、《假如每个女孩都有一本日记》和《平坦是美丽的》(Flat Is Beautiful, 1998) 等录像带中记录了性成熟少女的感受。《深居其中》(Living Inside, 1989) 记录了 16 岁的班宁从高中辍学，独自在房间里录制的三周时光。纯真与感伤在这个作为局外人的少年的故事中交织在一起。菲利斯·巴尔迪诺的表演录像带探讨了更"成人"的生活中的不协调之处，她在不断录制的摄像机前建构和解构日常物品。在《化妆品／非化妆品》(Cosmetic/Not Cosmetic, 1993—1994) 中，她对女性关注化妆的刻板印象进行了质疑。

图 109 （对页上）**比尔·维奥拉**，《我不知道自己是什么样子》，1986。

维奥拉自 1975 年起一直通过录像进行严格的自我审视。在此，艺术家拍摄了自己在一只猫头鹰眼中的图像。

图 110 （对页下）**谢丽尔·多尼根**，《头》，1993。

图 111 （上）**莎蒂·班宁**，《假如每个女孩都有一本日记》(If Every Girl Had a Diary)，1990。

16 岁的莎蒂·班宁用玩具像素摄像机记录了她的性觉醒"日记"。

在这部影片中,她用电钻破坏了一个化妆盒,尽管她已经"化了妆"而且穿了缎面衬裙。

几位男性录像艺术家似乎以一种更抒情的方式在作品中处理身份问题。他们的作品不太愤怒,表达的往往是渴望。生于韩国的赵承浩(Seoungho Cho)探索了家庭活动,但是以一种反思和想象的方式。在他 1996 年的录像带《鲁滨逊或我》中,喝茶或淋浴等仪式化的活动成为孤独生活的隐喻。一种艺术家在流离失所的世界中寻找身份的感觉在英国艺术家乔治·巴伯(George Barber)的作品 [《退出》(*Withdrawal*, 1996)] 和加拿大艺术家尼尔森·亨里克斯(Nelson Henricks)的作品 [《窗》(*Window*, 1997)] 中都有所体现。俄国电影制作人亚历山大·索科洛夫(Alexandr Sokurov, b.1951)的录像,尤其是《东方挽

图 112　**赵承浩**,《鲁滨逊或我(来自远东)》[*robinson or me (From the Far East)*], 1996。

图 113　**亚历山大·索科洛夫**,《东方挽歌》(*Oriental Elegy*), 1996。

歌》，充满了对自我的深刻寻找，这是一个在迷雾缭绕的偏远日本小岛上拍摄的梦境，其中的人物似乎悬浮在生与死之间的某处。

索科洛夫和维奥拉代表了录像制作中可能被称为的"高端"，他们采用了复杂的、类似电影的技术（有时将电影与录像混合在一起），最终制作出极为精良的作品。录像艺术之所以如此充满活力，是因为它在同等程度上包含了高端和低端的预算，至少在艺术节、博物馆和画廊的展示中是这样。策展人对观念的、通常是表演性的、技术原始的作品有着强烈的兴趣。例如，现代艺术博物馆的展览"年轻与不安"（Young and Restless, 1997）就体现了这一点，该展览展出了几位年轻女性艺术家［其中包括谢丽尔·多尼根、克里斯汀·卢卡斯、阿里克斯·珀尔斯坦（Alix Pearlstein）］创作的低成本录像，她们以直接、个人化的方式使用摄像机。几位英国艺术家，尤其是萨姆·泰勒-伍德（Sam Taylor-Wood, b.1967）和吉莉安·韦英（Gillian Wearing, b.1963），也在其充满挑逗的、通常是幽默的录像带中最大限度地使用了单通道录像格式。在萨姆·泰勒-伍德的《雷龙》（*Brontosaurus*, 1995）中，一个裸体男人在疯狂的音乐中独自跳舞。在《我想教世界歌唱》（*I'd Like to Teach the World to Sing*, 1996）中，韦英以替代电视广告的形式，拍摄了不同年龄、不同种族的女性通过吹可口可乐瓶子来演奏音乐的场景。

114

时至今日，单通道录像，至少是在小型监视器上观看的单通道影像，对艺术家的吸引力越来越小，他们大多喜欢在墙壁上投影作品，这些作品很可能是用数码相机拍摄的，当然也是用数码设备剪辑的。

安娜·盖斯凯尔（Anna Gaskell, b.1969）的《漂浮物》（*Floater*, 1997）是一个投射到地板上的单通道录像，展示了一个年轻女孩的身体（起初看起来像一个真人大小的玩偶）悬浮在水中，毫无生气。当摄像机停留在她身上时，她的背部浮现，头部拱向摄像机，然后镜头拉近到她张开的嘴巴。尽管我们知道这个女孩已经死了，盖斯凯尔还是创造了一种阴森恐怖的期待，也许她没有死去。这种已知与未知之间无法描述的边界是盖斯凯尔用女孩和年轻女性来创作的特点。录像被投影在地板

图114（下页）**吉莉安·韦英**，《我想教世界歌唱》，1996。韦英在她重新配置的商业广告中使用了非演员，比如这个可口可乐广告中的个人诠释。

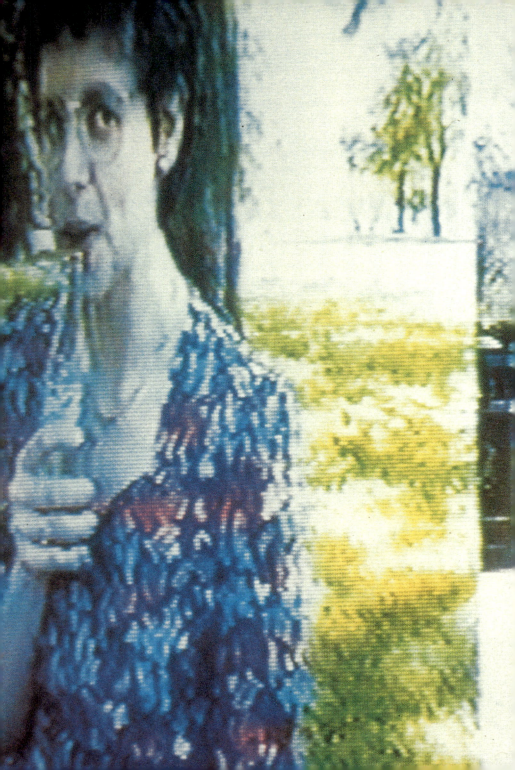

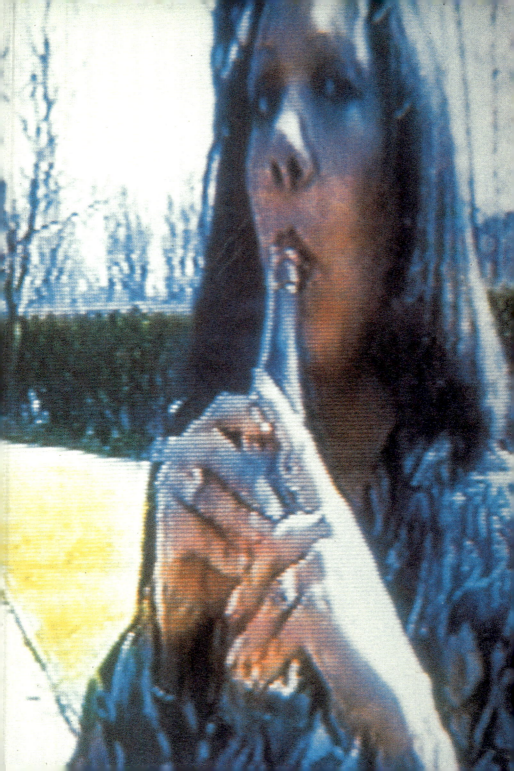

图 115 （上）**佩德罗·奥图尼奥**（Pedro Ortuño），《女王 135》（*Reina 135*），2001。

尽管大型投影日益流行，但是出于艺术和经济方面的考虑，许多艺术家仍然青睐可以在电视机上放映的单通道格式。这些图像来自 2003 年在马德里索菲亚王后国家艺术中心博物馆举办的展览"单通道"（Monocanal 或 Single-Channel）中展出的录像。

图 116 （对页）**道格拉斯·戈登**，《雾》（*Fog*），2002。

图 117 （下页）**森万里子**，《巫女的祈祷》，1996。

上的方式增强了观众的偷窥参与感。

日本艺术家森万里子（Mariko Mori, b.1967）的世界是未来主义的，在这个世界里，女孩可以穿上最离谱的服装，她们是摇滚明星葛蕾丝·琼斯（Grace Jones）和名为明星舞娘（Diva Starz）的玩偶的结合体。在《巫女的祈祷》（*Miko no Inori*，1996）中，艺术家头戴银银色假发，身着闪亮的白色太空服，双手捧着一个玻璃球滚来滚去。在整个新世纪电子背景音乐中（与皮皮洛蒂·瑞斯特的作品并无二致），西方人能听出的一句话就是"等着瞧"。森在她的装置、照片和录像中似乎是一位终极逃亡艺术家：她创作了为穿越时间前往遥远国度而设计的衣服和奇特的装置。实际上，她是最接地气的艺术家，她为人们设计的幻想都非常扎根日常。她提供了一种在同质化世界中感受奇特的方式，就像她的华丽摇滚前辈大卫·鲍伊（David Bowie）又名齐格·星尘（Ziggy Stardust）一样。

苏格兰出生的艺术家道格拉斯·戈登（b.1966）的装置《雾》几乎可以被视为一首为单通道录像而作的挽歌。在这件作品中，人们可以在一个大型投影屏幕的两边看到一个笼罩在薄雾中的年轻男人的多个图像。这些录像实际上是相同的，但是它们并非同步播放，在数字能力的全面提升中，产生了对个人身份的神秘研究，这也是戈登作品中反复出现的主题。

无论是通过叙事、形式实验、幽默短片，还是大型冥想，录像艺术在艺术界已经占据了合法的地位，甚至是重要的地位，即使在 20 世纪 80 年代，也很少有人能预料到这一点。它看似无穷无尽的可能性和相对便宜的价格使其对在媒体饱和时代成长起来的年轻艺术家越来越有吸引力。录像是一种参与和应对媒体过度炒作的方式；它也是一种传播个人消息的可控手段。

艺术家项目的物理尺寸和范围越来越大,主题也越来越个人化或个人主义化。这里提到的几位艺术家后来继续创作了复杂的媒体装置,在这些媒体装置中,他们不仅能控制图像,而且能控制在自己设计的完整环境中观看图像的语境。

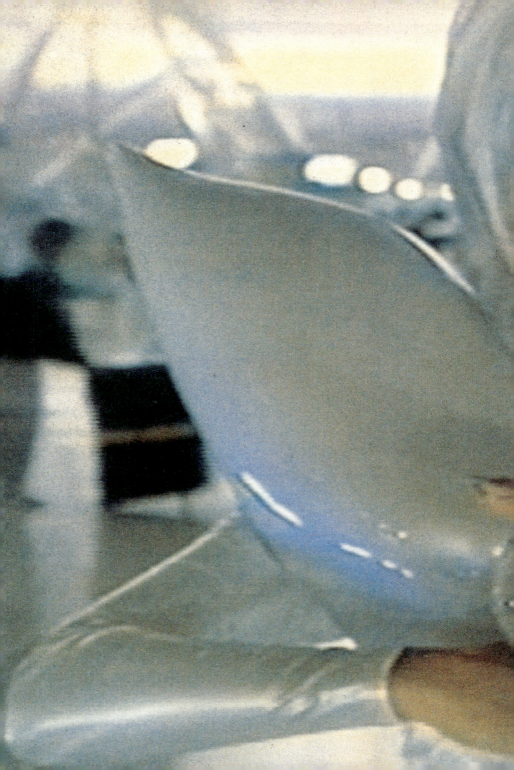

第三章

录像装置艺术

装置艺术的历史先例至少可以追溯到文艺复兴时期教堂中的彩绘三联画,以及18世纪西方"博物馆"的建立。随着观众不再局限于在富有赞助人家中观赏的艺术的出现,艺术的展示空间随之发展起来。虽然人们可能不想将伊森海姆祭坛画(Isenheim Altarpiece)称为装置,但是它被放置在公共礼拜场所的多个部分,在录像投影墙壁上可以找到的双联画和三联画呈现的意义上,可以被人回忆起来。对当今的装置艺术家来说,他们强烈意识到自己的作品是自我的延伸,他们艺术的实体展示和周围环境已经成为艺术本身的一部分。对这些艺术家来说,语境是首要的;他们希望通过明确创造一种环境来控制语境,这一切在整体上构成了艺术。正如评论家布莱恩·奥多尔蒂(Brian O'Doherty)在《白立方之内:画廊空间的意识形态》(Inside the White Cube: The Ideology of the Gallery Space, 1970)一文中所写的:"随着现代主义变老,语境变成了内容。在一个奇特的逆转中,被引入画廊的物品'框定'了画廊及其法则。"具有讽刺意味的是,尽管追随比利时艺术家马塞尔·布达埃尔(Marcel Broodthaers,1924—1976)的引领,许多装置艺术具有一种20世纪60年代和70年代初的反博物馆态度,但正是博物馆和画廊支持了这些艺术。我们可以称之为的"语境艺术",其本身需要一个机构语境才能被看到。装置艺术根植于行-为艺术中"雕塑空间"概念的扩展以及更多观众参与艺术的趋势,是向着接受日常生活中的任何面向或材料来创作艺术作品的方向迈出的又一步。

装置艺术与雕塑的联系也使其更容易被博物馆和评论家接受。"也许,"美国评论家辛西娅·克里斯(Cynthia Chris)认为,"录像装置因为与雕塑以及其他人们熟悉的实践有某些联系,所以被得体地纳入了视觉艺术批评的词典。"

媒体装置与其他类型的装置艺术一样,将创作过程从工作室延伸到了社会空间,用加里·希尔的意思说,是对监视器之外空间的一种认识。同等重要的是,在多大程度上装置加强了对"时间"这一录像艺术家的核心概念的探索。如果说时间可以在单通道录像中以多种方式被操控,那么在录像装置中,时间的可能性就得到了极大的扩展,因为录像装置使用了多个监视器或投影表面,而且通常使用了多盘录像带,所以大大增加了意象的数量。

雕塑空间和监控

多媒体录像装置与单通道录像艺术几乎同时出现,甚至更早一些。德国艺术家沃尔夫·弗斯特的《电视去拼贴》(始于1958年)在今天看来应该是一件装置,它由一组播放扭曲图像的电视机组成,被布置在巴黎一家百货公司橱窗里的家具和桌子上。与当时的其他激浪派实践一样,弗斯特对艺术材料和文化实践都提出了质疑,就此而言是电视对日常生活无处不在的侵扰。在反思自己的工作时,弗斯特记录道:

马塞尔·杜尚已经将现成品宣称为艺术,未来主义者将噪声宣称为艺术——这是我和我的同僚所做努力的一个重要特征,将由噪声/物体/运动/色彩/心理组成的整体事件宣称为艺术——将各种元素融合在一起,使生活(人)成为艺术。

弗斯特宣称的就是美国评论家露西·利帕德后来称之为"艺术物品的去物质化"的关键支撑:在这类作品中,物质形式相对艺术背后的概念或观念而言是次要的。多媒体装置植根于这一观念方法,并融合了表演、身体艺术和声音艺术以及激浪派其他方面的实践,其发展既是对艺术领域包容多种物品和观念的回应,也是对主流媒体机构的挑战,主要是对电视及其伴侣——广告——的挑战。弗斯特所说的"整体事件"反映了表演在录像艺术中的影响,其说法认识到艺术是在一个语境中发生的。随着雕塑效果融入录像呈现,语境很快就变成了内容。

白南准曾经并持续利用雕塑方法来达到戏剧性的效果。他于1963年在伍珀塔尔的帕纳斯画廊举办的展览包含了摆放在展厅地板上的电视机,并在电视机上投影扭曲的图像,试图打破观众在电视机前的洋洋自得。"电视一直在全方位进攻我们的生活,"白南准曾说,"现在我们正在反击!"白南准对电视图像的痴迷在他的许多录像雕塑作品中都能看到,从多台电视机被排列在丛林植物之间的《录像丛林》(*Video Jungle*, 1977)到白南准参加 1993 年威尼斯双年展的大型作品《电子高速公路:比尔·克林顿偷了我的想法》(*Electronic Superhighway: Bill Clinton Stole My Idea*)。数十台监视器将德国馆挤得满满当当,从地板 118,

图 118　**白南准**,《电子高速公路》,1995。

美国大陆由 313 台电视机组成;阿拉斯加,24 台电视机;夏威夷,每个岛屿 1 台电视机。50 台激光光盘播放机、50 张光盘、约 60 台视频分配放大器、约 20 台电风扇、1 台摄像机、脚手架、钢制"州界"、霓虹灯、200 瓦音频系统。白南准的高速公路散落着媒体文化的碎片,但是他的图像仍然闪烁着战争和文化动荡的警示。

图 119　**白南准**,《电子高速公路》,1993。
白南准为全美巡展"电子高速公路"制作的"录像图录"的一部分,该巡展在佛罗里达的芳德代尔堡艺术博物馆首展。

到天花板，投影出连续不断的图像，这些图像来自一个看似包罗万象的数据库：从世俗的到政治的，从自然镜头到核爆。

久保田成子（Shigeko Kubota, b.1937）曾与约翰·凯奇、白南准等人共同参与到激浪派中，创作了从雕塑到日记的大量作品，包括 20 世纪 70 年代初横跨欧洲旅行的录像记录 [《每日 1/2 英寸的欧洲》（*Europe on 1/2 Inch a Day*, 1972）]。她经常引用艺术史上的典故，比如在她向马塞尔·杜尚致敬的作品《杜尚匹亚：下楼梯的裸女》（*Duchampiana: Nude Descending a Staircase*, 1976）中，一个裸体女性的形象在一系列像楼梯一样的监视器间从一个屏幕移动到另一个屏幕。白南准的影响在纽约艺术家雷·拉普（Ray Rapp, b.1948）的作品中也很明显，他那异想天开的录像雕塑中经常会有几台电视机提到马塞尔·杜尚、理查德·阿奇斯韦格（Richard Artschwager）、约瑟夫·博伊斯、梅拉·奥本海姆（Meret Oppenheim）等人。在《毛皮包裹》（*Fur Wrap*, 1997）中，人们在一台被拆开的毛皮包裹的电视机中看到了一位艺术家流汗的录像，这是奥本海姆的覆盖毛皮《物品》（*Object*, 1936）的翻版。

其他早期的录像装置的实践也有观众的参与，但都是在不知情的情况下，以监控摄像头的形式出现。莱斯·莱文的第一件装置作品《沙发套》（*Slipcover*, 1966）在多伦多美术馆展出，在一系列监视器上向观众展示了他们自己录制的图像。这种从

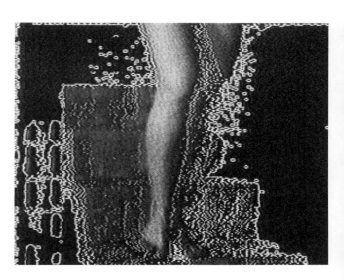

图 120 **久保田成子**，《杜尚匹亚：下楼梯的裸女》，1976。
作为激浪派国际艺术运动的活跃成员，久保田向马塞尔·杜尚和约翰·凯奇致敬，他们都对激浪派艺术家产生了强烈的影响。

图 121　雷·拉普,《电视家具》
(TV Furniture), 1997。
拉普为经典现代主义艺术作品注入
了科技元素,比如梅拉·奥本海姆
在 1936 年创作的《物品》。

未有过的体验既诡异又令人兴奋。布鲁斯·瑙曼,如我们所见,是另一位早期的单通道录像艺术家,他在 1968 年展出了《录像走廊》(Video Corridor)。这个幽闭空间由两面从地板到天花板的平行墙壁组成,形成一条隧道,隧道的一端有两台监视器叠放在一起。观众走进走廊,会看到监视器里的录像原来是观众的同步监控镜头。录像的影响取决于墙壁建筑创造的疏离甚至恐惧的语境。

评论家玛格丽特·莫尔斯(Margaret Morse)在邂逅了她看过的第一件录像装置《录像走廊》后写道:"对我来说,就像我的身体已经脱离了自己的图像,就像我在空间中定位的地面被从我身下拉出了。" 20 世纪 70 年代初,瑙曼在其他作品中对录像监控进行了探索。在《走廊装置》(Corridor installation,

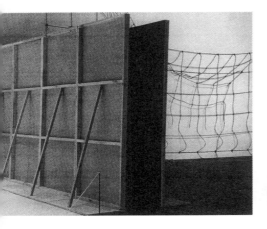 

图 122 （左）**布鲁斯·瑙曼**,《表演走廊》(*Performance Corridor*)，1968—1970。

图 123 （右）**布鲁斯·瑙曼**，静帧来自《用对立式平衡的姿态走路》(*Walk with Contrapposto*)，1968。

1970）中，一组墙壁将洛杉矶的尼古拉斯·怀尔德画廊分成六条通道，其中只有三条可以通行。安装在墙壁顶端的摄像机始终从后面对试图进入迷宫的参观者进行录制，并将他们的图像投影到整个通道的监视器上。

彼得·坎普，与瑙曼和阿肯锡同为颇具影响力的第一代录像艺术家，他在交互装置中探索了感知的心理面向，比如《负交叉》(*Negative Crossing*, 1974)，在该作品中，参观者在一面镜子前的行动被知情地录制，然后被投影到大屏幕上。

生于德国的迪特·弗洛斯（Dieter Froese, b.1937）在其《不是老大哥的间谍循环模式》(*Not a Model for Big Brother's Spy Cycle*, 1987) 中利用了监控技术，在该作品中，艺术家将闭路电视与双通道预录录像结合。观众在进入装置房间时被录制下来，他们在观看其他人就其政治活动接受采访时，身体被投影在监视器上。

人们对监控的兴趣不仅源于新闻媒体对实际警务行动的公开披露，而且源于电视本身的性质，电视似乎一直在监视着观众，甚至观众也在监视着电视。"监控艺术"装置直接面对电视的这种反身性，将观看的责任翻转回到与电视屏幕处于被动关系的观众身上。录像装置在激发观众对观看对象做出反应方面发挥了积极作用。通过向观众展示他们自己，艺术家有意以一种非常直接的方式吸引他们，有时甚至到了愤怒或震惊的地步。更重要的是，观众成了表演者，这是一种全新的观看体验。与

图 124 （对页）**迪特·弗洛斯**，《不是老大哥的间谍循环模式》(信息不准确)，1987。

偶发艺术中的表演性策略不同，偶发艺术中的观众进入事件，期待或希望成为事件的一部分，而博物馆中作品的观众则没有这样的期待。观看体验的私密性被侵犯了，无论是否愿意，观众不仅成为自己的被观看者，而且成为他人的被观看者。

作为一种基于时间的媒介（实时记录），录像艺术允许对时间体验进行多种操控。最容易感受到的现在时态莫过于在展览中突然在监视器上看到自己。时间推移还能让人即时体验到时间刚刚流逝的感觉，比如当观众先前录制的图像在一台监视器上播放时，他们现在的图像就会在另一台监视器上播放。1992年在伦敦装置博物馆举办的一次展览中，大卫·戈登伯格（David Goldenberg）让他的摄像机监视观众，观众可以在他们无法进入的镜室中看到他们的图像。过去、现在和未来都坍塌在自我投影的漩涡中。

从观看（注视着另一个人）到偷窥（以长时间凝视为乐）再到监视活动（偷偷研究他人的行动），这是一个短暂的飞跃。

图125 **大卫·戈登伯格**，《微波炉和冷冻釜》（Microwave and Freezerstills），1992。
20世纪70年代，在当代文化中无处不在的监控摄像头（在商店、银行、公园等地）出现在艺术画廊中，预示着未来的发展。

自录像技术诞生起，监控这种监视活动就一直吸引着艺术家和法西斯主义者。监控显然源于军事技术中对录像的使用，它突出了摄影凝视的险恶一面：用摄像机侵入不知情的主体。这是执法控制系统技术与艺术的奇妙联盟。

如今所谓的"真人秀"节目，名字如《幸存者》（Survivor）和《老大哥》（Big Brother）等，都是让参与者心甘情愿地在摄像机前展示自己的一举一动，希望在节目结束时赢得大奖。监控，似乎实际上已经不再是险恶的了。现在，至少对某些人来说，它是攫取百万美元的一种手段。然而，用媒体理论家托马斯·莱文（Thomas Levin）的话来说，对我们所有人而言，"现在我们比以往任何时候都更受到监控。当我们使用信用卡或ATM时，当我们拨打手机或使用 EZ Pass 时，当我们上网冲浪或只是走在街上时，我们都会留下痕迹"。正是在这些痕迹中，艺术浮出水面。

瑙曼和阿肯锡最初将摄像机对准自己，这被描述为自我强加的监控表演，这种表演既是孤独的，也反映了他们对雕塑、诗歌和表演的兴趣。阿肯锡的作品《跟踪》（Following Piece，1969）是监视他人和自己的一个例子。在这件作品中，艺术家跟踪一个男人进行日常活动。与丹·格雷厄姆、瑙曼和彼得·坎普一样，阿肯锡也对打破公共和私人空间之间的边界很感兴趣。

法国艺术家索菲·卡莱（Sophie Calle, b.1953）的《影子（侦探）》[The Shadow (Detective), 1985] 完美融合了瑙曼的感知改变装置和阿肯锡的自动表演。艺术家要求母亲雇佣一家侦探社跟踪她，报告她的活动，用艺术家的话说，"提供我存在的照片证据"。这无疑是一个圈套，但它保证了多层次的解读：艺术家作为主体；偷窥者作为艺术家；观众作为图像不可靠性的证人。英国艺术家杰米·瓦格（Jamie Wagg, b.1958）根据录像片段创作了令人不安的监控照片，并将其处理成相当精美的大幅印刷品。在这些照片中，人们看到两个男孩在亮橙色的背景中身着黑色衣服，与一名蹒跚学步的儿童一起在人群中行走，然后残忍地将其杀害。

乔丹·克兰德尔（Jordan Crandall, b.1960）利用军事目标搜索技术、跟踪系统、边境监控和自己的摄像机制作了多屏幕

装置作品 [《驾驶》（Drive, 1998—2000）；《热寻》（Heatseeking, 1999—2000）]，涉及了高科技间谍技术在普通人和军事人员生活中的使用。在他的虚构电影《扳机》（Trigger, 2002）中，艺术家使用了眼球跟踪同步系统，该系统能够自动调整武器和人的视线。"在这种情况下，"克兰德尔说，"看见真的会变成开火。在这种自动化程度越来越高的追踪系统中，'观者'的状况是一个开放性问题。摄影机-武器是有人操作还是无人操作，连接取景器的主体在哪里？随着人类与机器的结合越来越紧密，边界就不那么容易划定了。"

朱莉娅·雪儿（Julia Scher, b.1954）几年来一直在博物馆和画廊的装置作品中揭露监控录像中固有的权力游戏，这些作品涉及精心布置的安全系统（配有粉色安全服装）。当参观者的图像出现在监控监视器上时，他们受邀将自己的图像打印出来，也受邀将放置在整个空间的其他 6 台监视器上的其他人的图像打印出来。参观者可以同时观察自己、监视他人，也可以疑神疑鬼地猜测还有谁可能在画廊里某个看不见的地方监视着他们。在 2002 年接受小说家林恩·蒂尔曼（Lynne Tillman）的采访时，雪儿说，"我的兴趣一直在于监视的必要性"，这表明这位艺术家正在探索监控的积极过滤器。

探索政治

道格·霍尔和莎莉·乔·菲弗（Sally Jo Fifer）在其著作《阐释录像》（Illuminating Video, 1990）中警告说，我们无法按照熟悉的艺术史术语对录像艺术进行分类，但是录像装置中存

图 126　**乔丹·克兰德尔**，《扳机》，2002。

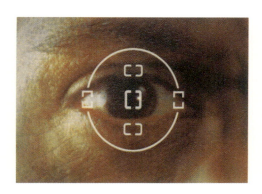

图 127　**朱莉娅·雪儿**，《朱莉娅二世的安保》(Security by Julia II)，1989。

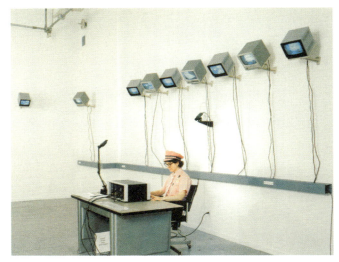

图 128　**朱莉娅·雪儿**，《朱莉娅九世的安保》(Security by Julia IX)，1990。

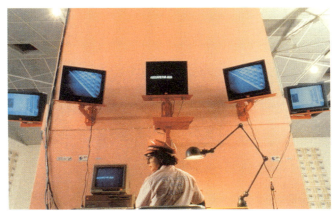

图 129　**弗兰克·吉列特与艾拉·施奈德**合作,《擦除循环》,1969。
《擦除循环》利用闭路电视系统录制画廊参观者,以此方式将他们与监视器上被看到的信息融为一体。

在着可识别的趋势。与弗斯特和白南准的早期雕塑装置作品密切相关的是美国艺术家莱斯·莱文、弗兰克·吉列特以及纪录片制作人约翰·赖利（John Reilly）、阿瑟·金斯伯格（Arthur Ginsberg）和斯基普·斯威尼（Skip Sweeney）的具有政治色彩的多通道装置。

18 世纪末,法国评论家圣西门（Saint-Simon）敦促艺术家成为政治敏感的先锋。似乎是对此做出的回应,20 世纪 60 和 70 年代的艺术家以包括表演、事件和装置在内的多种方式对政治动荡做出了回应,促进了创作艺术和观看艺术的交互。

弗兰克·吉列特产生于图像反馈和延时的装置《擦除循环》（*Wipe Cycle*, 1969）是与艾拉·施奈德（Ira Schneider）合作完成的,并在纽约霍华德·怀斯画廊（Howard Wise Gallery）举办的颇具影响力的展览"电视作为一种创造性媒介"（TV as a Creative Medium）中展出。吉列特将预先录制的信息与观众图像的实时提供结合在一起,挑战了传统的被动观看体验。"《擦除循环》最重要的作用,"施耐德告诉评论家吉恩·扬布拉德,"是将观众融入信息之中。这是一个实时反馈系统,观众站在系统环境中,不仅能看到现在时空中的自己,而且能看到 8 秒前和 16 秒前时空中的自己。"吉列特补充道："它尝试证明，你和明早的头条新闻一样，都是一条信息。"

TVTV 和地球村（Global Village）等美国地下录像小组的成员偶尔也会将装置作为其录像作品的一部分。1974 年，地球村的创始人之一约翰·赖利创作了引发很大争议的多通道装置作品《爱尔兰录像带》（The Irish Tapes）。赖利在多个屏幕上向观众大量展示了北爱尔兰冲突的画面，创造了一个活力四射的装置，进一步实现了他尽可能多地展示数百小时未经剪辑的录像带图像的目的。

随着装置中录像的使用越来越多，艺术家和行动主义者之间的区别也逐渐消失，许多艺术家在其艺术的框架内参与了媒体和社会批判。前文提到的单通道录像《技术变革：神奇女侠》（1978—1979）为达拉·伯恩鲍姆（b.1946）带来了广泛的关注，她创作了一些涉及电视政治的装置，比如《下午杂志》（PM Magazine，1982—1989）对大众媒体挪用的图像进行了虚拟攻击。伯恩鲍姆是首批创作录像"墙"的人之一，这种"墙"效

图 130 （左）**约翰·赖利与斯特凡·莫尔**（Stefan Moore），静帧来自《爱尔兰录像带》，1974。

图 131 （右）**达拉·伯恩鲍姆**，《下午杂志》，1982。

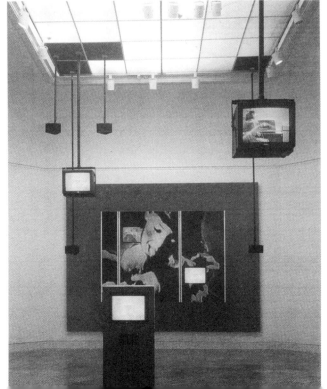

仿了电视销售商将电视机一台摞一台地堆放在商店陈列架上的做法。她的《里约录像墙》（*Rio Videowall*, 1989）被安装在佐治亚州亚特兰大市的一个购物中心内，是一个由 25 台监视器组成的永久户外录像装置。这些装置结构巨大，为雕塑与建筑在装置媒介中的结合赋予了新的权重。此外，运动录像影像还扩展了雕塑领域的概念，使其更加流动和活跃。

在美国艺术家朱迪斯·巴里（Judith Barry, b.1954）的装置中，艺术和媒体的公共功能受到了广泛关注。巴里在 20 世纪 70

图132 达拉·伯恩鲍姆,《里约录像墙》,1989。美国佐治亚州亚特兰大市里约购物/娱乐综合体公共广场语境中的录像墙装置风景(永久户外装置)。在伯恩鲍姆的多监视器作品中,录像艺术走出了画廊,走向了公共舞台。

年代的女性主义运动中崭露头角,在《万花筒》(*Kaleidoscope*, 1979) 等早期录像中探讨了女性身份问题,在这些作品中,令人熟悉的家庭角色对女性主义理论进行了争论。她的保留剧目已经扩展到包括大型装置在内的整个现代技术的光谱。在《硬牢》(*Hard Cell*, 1994) 中,录像监视器、投影仪、废弃计算机、除颤器和其他现代垃圾从一个被腐蚀的运输板条木箱中溢出。在 1986 年的威尼斯双年展上,意大利的法布里齐奥·普莱西 (Fabrizio Plessi, b.1940) 在他的装置《布朗克斯》(*Bronx*) 中为

134,135

图133 （下）**法布里齐奥·普莱西**，《布朗克斯》，1985。

法布里齐奥·普莱西在这件作品中对技术的终结进行了沉思，他认为万物都会死亡，甚至机器也不例外。

图134 （对页）**朱迪斯·巴里/布拉德·米斯凯尔**（*Brad Miskell*），《硬牢》，1994。

废弃的计算机监视器作为机器与人的对话录像的投影装置。

图135 （下页）**朱迪斯·巴里/布拉德·米斯凯尔**，《硬牢》（细节），1994。

旧电视机建造了一个名副其实的掘墓人的现场。他将生锈的金属容器中的 26 台电视面朝上翻过来，并将铁锹插入电视屏幕。铁锹依次反映在每套装置上的一个海水投影中。对普莱西来说，便携式摄像机只是他艺术实践的一部分，就像颜料或木材一样。"电视是艺术家表达诗意的材料，"谈及他的作品，特别是装置《原始物质》（*Matria Prima*, 1989），普莱西说，"片刻的停顿，片刻的思考，一块沉默的化石，最终技术停止了。它的形状与大理石的形状没有什么区别。"美国艺术家彼得·芬德（Peter Fend, b.1950）的《建设阿尔巴尼亚的发展计划》（*Development Plan to Build Albania*, 1992）采用了大量录像监视器，通过卫星直播阿尔巴尼亚和南斯拉夫部分地区的地形。芬德将其装置视为全球权力和资源重新分配的"工作站"。

爱尔兰艺术家威利·多尔蒂（Willie Doherty）的装置《一天结束时》（*At the End of the Day*, 1994）和《别处》（*Somewhere Else*, 1998）的主题是北爱尔兰长期的政治动荡。多尔蒂用整面墙投影出烧毁的汽车、不知通向何方的道路、纯粹的黑暗，以及循环播放的画外音短语比如"一天结束时，无法再回去"，

来表现战争的令人感伤。

加拿大艺术家斯坦·道格拉斯（Stan Douglas, b.1960）直接瞄准了流行的当代媒体，其冷峻低调的装置《夜晚》(Evening, 1994) 重现了 20 世纪 60、70 年代全家观看晚间新闻的仪式。道格拉斯以当时的档案片段为背景，以演员／新闻记者为前景，让他的"主播"面带微笑，无论他们报道的是怎样的恐怖事件（越战故事、种族骚乱）。

泰德·透纳（Ted Turner）的有线电视新闻网（CNN）将广播新闻的无处不在提升到了前所未有的国际水平，几乎地球上的每个国家都能看到，这使得世界性事件（索马里的饥饿儿童、伊拉克战争、威尔士王妃戴安娜之死）的图像在全世界一目了然。许多国际艺术家在自己的录像装置中反映了这种对新闻图像的关注。法国艺术家法布里斯·海伯特（Fabrice Hybert）在 1997 年的威尼斯双年展上创造了一个完整的广播演播室，里面有监视器、家具、编辑室和控制室。海伯特在自己的装置中进行表演，在这个假冒的广播放送中做采访、做广告和召开"制作会议"。

《在口袋里握拳》[Eine Faust in der Tasche Machen (Make a

图 136　（对页上）**威利·多尔蒂**，《别处》，1958。

图 137　（对页下）**威利·多尔蒂**，《一天结束时》，1994。
多尔蒂的录像捕捉了战争在他家乡爱尔兰留下的荒凉痕迹。

图 138　（下）**法布里斯·海伯特**，1997 年威尼斯双年展法国馆中的装置。
海伯特曾参与过安迪·沃霍尔的电影，他将一个电视演播室改造成了一个表演装置。

图139 **马塞尔·奥登巴赫**,《在口袋里握拳》,1994。在一个装置中使用多台监视器,使人想到了一种雕塑环境,巧妙地脱离了与单台监视器有关的"客厅"氛围。

图140 **香坦·阿克曼**,《接近小说:香坦·阿克曼的<来自东方>》(*Bordering on Fiction: Chantal Ackerman's 'D'Est'*),1993/1995。在20世纪90年代末的录像装置中,大屏幕投影在墙角交汇或在墙上相交成为一种常见现象。

Fist in the Pocket)] 是德国艺术家马塞尔·奥登巴赫（Marcel Odenbach, b.1953）1994 年的装置，描绘了 7 个国家（德国、美国、英国、法国、意大利、捷克斯洛伐克和墨西哥）在 1968 年的政治动荡期间如何维持秩序。7 台显示器一字排开，播放着各国当时的新闻片段，中间穿插着第三帝国焚书的档案片段。比利时艺术家香坦·阿克曼（Chantal Ackerman, b.1950）在 1993 年对其 35 毫米电影《来自东方》(*D'Est*) 的录像解构中也使用了这种多监视器策略。阿克曼将 24 台显示器分成 8 组，每组 3 台，并放映了她在她父母和祖父母的出生地东欧旅行的电影日记片段。她从一辆缓慢行驶的汽车开着的车窗中拍摄，详细记录了步行上班、等公交车或排队买面包的人的日常生活。生于波兰的艺术家克日什托夫·沃迪奇科（Krzysztof Wodiczko, b.1943）在他正在进行的录像项目《异种学：移民工具》(*Xenology: Immigrant Instruments*, 始于 1992 年）中，将对不同国家移民的采访与这些人在新国家乘坐地铁或站在公共建筑前的影像结合起来。土耳其艺术家舒克兰·阿齐兹（Sukran Aziz）在其装置《乡思》(*Reminiscences*, 1998) 中对移民经验采用了另一种方法。墙壁上投影着对伊斯坦布尔、纽约、巴黎和其他城市人的录像采访，天花板上悬挂着数百个隐藏在金属容器中的微型扬声器，播放着事先录制好的关于记忆和流离失所的对话。

　　道格拉斯·戈登对档案电影片段进行重新审视，提取并剖析图像，通常采用慢动作，并在此过程中揭示历史的心理和社会文化面向。他的《狂乱》(*Hysterical*) 再造了一部世纪之交

图 141- 图 143. （下，从左到右）
玛丽娜·阿布拉莫维奇，《巴尔干巴洛克（父亲）》[*Balkan Baroque (Father)*]，1997。

玛丽娜·阿布拉莫维奇，《巴尔干巴洛克（阿布拉莫维奇）》[*Balkan Baroque (Marina Abramovic)*]，1997。

玛丽娜·阿布拉莫维奇，《巴尔干巴洛克（母亲）》[*Balkan Baroque (Mather)*]，1997。
阿布拉莫维奇的多屏幕装置是对她祖国南斯拉夫种族斗争的非常个人的回应。

的医学电影，其中一位蒙面女性明显患有歇斯底里症，遭到据说从事治疗工作的医生的虐待。在《镜中奇遇》(Through the Looking Glass, 1999) 中，他摘录了马丁·斯科塞斯（Martin Scorcese）的电影《出租车司机》(Taxi Driver) 中一个长达 71 秒的场景，其中主角对着镜子自言自语，"预演"与某个无名敌人的对抗。在戈登的装置中，由罗伯特·德尼罗（Robert De Niro）扮演的特拉维斯·比克尔（Travis Bickle）被投影在画廊空间相对的墙上，他一边反复说着"你在跟我说话吗？"一边从衬衫下面掏出一把自动手枪，对准镜头。观众会觉得自己陷入了一个持枪疯子的暴力随机行为中。

音乐家/艺术家劳里·安德森（Laurie Anderson）常常在她的多学科艺术中处理大量社会性和批判性问题，她在纽约的古根海姆博物馆展出的录像和声音装置《在月光下舞动她的假发》(Dancing in the moonlight with her wigwam hair, 1996) 中处

图 144　**道格拉斯·戈登**，《狂乱》，1995。

理了我们与现代科技的关系,其中包括说话的鹦鹉、投影动画、电话、一架运动的飞机模型,以及艺术家在图像和声音马戏团中的幻觉录像,反映了现代世界中对我们注意力的多重争夺。在安德森的装置中,激浪派与波普结合在一起,实现了美国艺术评论家托马斯·赫斯(Thomas Hess)的观念,即这种剧场艺术需要观众来完成。

贝尔格莱德出生的艺术家玛丽娜·阿布拉莫维奇(b.1946)在1997年威尼斯双年展上展示了《巴尔干巴洛克》。这是一个 141-143 三屏幕装置,配有三个装满水的大型铜容器,阿布拉莫维奇在一个屏幕上发表关于老鼠屠杀同类的演讲,而其他屏幕上则是艺术家父母的图像。她父亲和她母亲一样,在演讲过程中一直沉默不语,一动不动,当阿布拉莫维奇从演讲者变为疯狂跳舞的诱惑者时,父亲举起枪指着自己的头,而母亲则捂住了自己的眼睛。伊朗人诗琳·娜夏特(Shirin Neshat, b.1957)在《狂

图145 **劳里·安德森**,《您的财富—美元电子鹦鹉》(*Your Fortune One $ Animatronic Parrot*)来自《在月光下舞动她的假发》,1996。

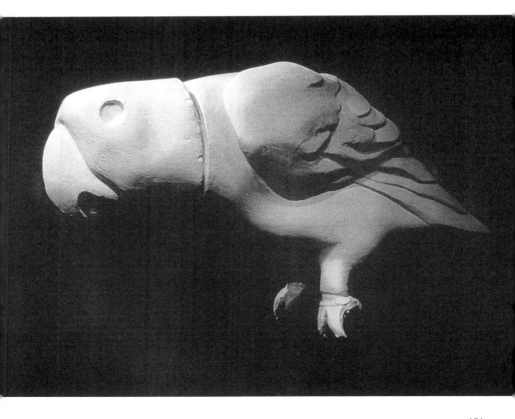

暴》(Turbulent, 1998) 中审视了她的国家在男女待遇上的不平等。在一个房间相对的墙上投影着两段录像，一段是一个男人为热情的男性观众表演歌曲，另一段是一位身着罩袍的女性背对摄像机，对着空无一人的观众席唱出一串音符。随着她的双手在空中挥舞，音符变成了哀鸣。

美国艺术家道格·阿提肯 (Doug Aitken, b.1968) 拍摄了加勒比海蒙特塞拉特岛苏弗里耶尔火山爆发造成的破坏。他的摄影机拍摄了一个看起来像被核弹摧毁的风景，然后将片段作为一个多墙装置展示出来，捕捉到了一个没有生命的国家的银灰色的空虚。

装置艺术因其规模和视觉复杂性，为观众提供了一个可以进入的强烈的环境，而成为表达政治含义的强大渠道。

探索抒情

1967 年，实验电影制作人斯坦·布拉哈格写道："像让·科克托 (Jean Cocteau) 一样，我也是一位拍电影的诗人。"美国评论家大卫·詹姆斯援引了这一说法，认为 20 世纪 50 年代和 60 年代初的先锋电影通常是通过挪用诗歌的术语被理解的。他认为，通过色彩对情绪的探索、逗留的摄影机镜头，甚至图像的碎片化和复制，都源于法国象征主义诗歌。比尔·维奥拉、玛丽·露西尔 (Mary Lucier)、斯坦纳·瓦苏尔卡与伍迪·瓦苏尔卡等人也是如此，他们的抒情录像装置反映了艺术家对记忆、失落、神秘主义和美学的关注。

伍迪·瓦苏尔卡与斯坦纳·瓦苏尔卡的诗意沉思甚至在装置一词被广泛使用之前就已经延伸至装置了。在他们于 1971

图 146　斯坦纳·瓦苏尔卡、伍迪·瓦苏尔卡与布拉德福特·史密斯 (Bradford Smith) 合作，《后代》(Progeny)，1981。

年创建的纽约厨房现场观众测试实验室（Kitchen Live Audience Test Laboratory，现在简称"厨房"），这对夫妇创造了斯坦纳所说的由多台监视器和摄像机组成的"环境"。在《机器视觉》（*Machine Vision*，1976）中，电动转盘上的两台摄像机与两面镜子和两台监视器相互作用，创造了超越人眼限制的摄像机视野。关于这件早期作品，斯坦纳谈道：

> 我对只要拿着摄像机就能控制观众看到的图像这一观念感到恐惧；于是我把摄像机放在三脚架上，离开了房间。有了转台，图像就可以在没有摄像师的情况下持续运动。我希望人们能够想到"视角"，想到他们身处一个由机器控制的空间。

图147　**斯坦纳·瓦苏尔卡**，《力量》（*Orka*），1997。

图 148　**比尔·维奥拉**,《站》(Stations, 细节), 1994。在这个五通道的装置中,浸泡在水中的身体软绵绵地悬浮在空间中。不同的图像出现在布屏和每个屏幕下方的抛光花岗岩石板上。

随着时间的推移,与伍迪分开工作多年的斯坦纳在表达上变得更加抒情。在她为 1997 年威尼斯双年展创作的装置《力量》中,她向自己的出生地表达了敬意,Orka 在冰岛语中是"力量"的意思。在三个双面屏幕和精心放置的镜子上,瓦苏尔卡投影出滚动的海浪、燃烧的熔岩和各种飞翔的鸟类的大幅图像,同时伴有每幅图像发出近乎噪声的背景音乐。爱沙尼亚艺术家贾安·图米克(Jaan Toomik)在其装置《太阳升起,太阳落下》(The Sun Rises, The Sun Sets, 1997) 中以类似的方式唤起了对其家乡的回忆。太阳从波罗的海的海面上升起,然后从威尼斯的海面上落下,这幅图像从锡盘底部的一面镜子上弹到一面墙上。

比尔·维奥拉的作品或许比其他任何作品都更能代表艺术中的抒情倾向。自 20 世纪 70 年代初起,维奥拉一直在创作各种单通道和装置录像。他将自己的录像描述为视觉诗歌,在其中努力探讨现代世界中身份和精神意义的问题。自 20 世纪

图 149 比尔·维奥拉,《信使》,1996。
一个男人反复从水中浮起,深深吸气,然后沉入水中,暗示着生与死的循环往复。

80 年代中期起,装置已成为他的首选展示方式。他对光线和形式的探索与他对精神素材(《古兰经》、佛教文本和苏菲派神秘主义)的兴趣相得益彰,并在大型投影中得以表达,这些作品已在世界各地展出。在《缓慢转动的叙事》(*Slowly Turning Narrative*, 1992) 中,维奥拉利用一个旋转的镜面投影表面来暗示一个不断转动的沉浸于自我的心智。艺术家希望"房间和房间里的每个人都成为一个不断变化的投影屏幕,包含图像和反射",就像通过转动的墙壁上再现的人的心智看到的那样。在《站》这样一个由计算机控制的五通道录像 / 声音装置中,图像被投影到垂直的花岗岩石板上,然后反射到与花岗岩石板垂直放置在地板上的镜面石板上。在苦路(Stations of the Cross)的表演中,身体似乎从空中坠落或落入水中。《火、水、呼吸》(*Fire, Water, Breath*, 1996) 是一件由三部分组成的装置,其中名为《信使》(*The Messenger*) 的部分最初被投影到英国达勒姆大教堂的天花板上,作品以人与这三种基本元素的接触和 / 或冲突为主题:一个赤身裸体的男人被浸没在水中,浮出

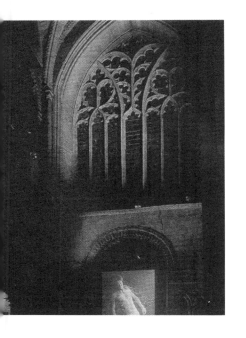

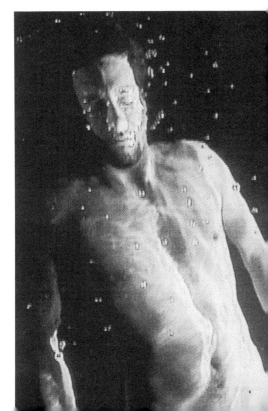

图 150 （对页）**比尔·维奥拉**，《穿越》（细节），1996。

图 151 （下）**比尔·维奥拉**，《停止的心智》，1991。维奥拉常常关注时间的流逝。在此，看似平静的静止图像爆发出剧烈的声音和运动，因为艺术家试图在视觉上"停止时间的脚步"。

水面，深深呼吸，然后再次沉入水中。在教堂穹顶的原始环境中，观众也会沉浸在这一仪式的投影图像和伴奏声音中。在博物馆语境中，维奥拉在《信使》的对面布置了《穿越》(The Crossing)，两个从地板到天花板的投影，一个投影中是一个人逐渐被火焰吞噬，另一个投影中是同一个人慢慢被累积的水滴淹没。虽然这些图像看似恐怖，但是维奥拉总能让人感觉到，在某种程度上，一场救赎也正在发生。慢动作、刺耳的声音、丰富的色彩和宏大的规模，所有这些都促成了人沉浸在自然中的电影体验。

维奥拉 1997 年在纽约惠特尼美国艺术博物馆举办的回顾展展示了维奥拉与电子艺术时代的浪漫亲缘关系。像先锋录像艺术家白南准一样，维奥拉也学过音乐和音频设计。他的所有作品都将声音和图像置于同等地位。《停止的心智》(The Stopping Mind, 1991) 是一件四屏装置，也是参观者在惠特尼回顾展上看到的第一件作品，其中一个几乎听不到的声音在喃喃自语，讲

述身体和感觉的丧失，图像（树木、草地的特写）一度凝固，突然运动，然后停止。伴随运动的是一阵阵响亮的噪声。这件作品为观众提供了一个引导：意想不到的意象和噪声唤醒了我们的心智，让我们以新的方式感知当下。维奥拉采用了与让-吕克·戈达尔和塞缪尔·贝克特共鸣的主题：一个人在巨大的自然面前相形见绌；自然有时会吞噬人，《穿越》就是如此。

对维奥拉崇敬的古代神秘主义者来说，火焰和水象征着一种无所顾忌的爱，在新的沉思结合中消灭旧的自我。这一点在他的《圣十字若望的房间》（Room for St. John of the Cross, 1983）中体现得淋漓尽致，该作品通过想象再现 16 世纪加尔默罗会神秘主义者被宗教裁判所囚禁的牢房。一个声音用西班牙语朗诵着圣人的诗歌，其中一些诗歌讲述了灵魂在黑夜飞跃雪山的狂喜。有一次，山体剧烈晃动，伴随着地震般的轰鸣声。同年，维奥拉把自己关在一个房间里，试图保持三天醒

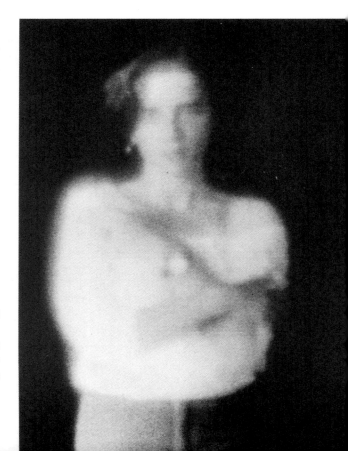

图 152　**加里·希尔**，《高船》（*Tall Ships*），1992。
希尔在《高船》中利用了交互技术。参观者在狭窄的画廊空间中触发悬挂在空间中屏幕上的图像投影。

着。这段自我禁锢的录像纪事《敲响空屋的原因》(Reasons for Knocking at an Empty House) 说明了时间的流逝可以多么残酷。"我的作品,"维奥拉说,"以个人的发现和领悟过程为中心。录像是我身体的一部分;它是直观和无意识的。"

加里·希尔认为他的第一件录像装置《墙上的洞》(Hole in the Wall, 1974) 是从雕塑到录像的过渡。他把自己撞开画廊墙壁的过程录了下来,并将录像带投影到墙壁开口处的监视器上。用他的话说,他在应该有雕塑的位置放置了"一个表演的录像记忆"。希尔从一开始就关注语言和图像的诗学。他智慧严谨的多屏幕投影经常参考符号学、路德维希·维特根斯坦哲学、法国后现代理论和电影史。《高船》是一个交互装置,由多个投影表面组成,观众进入装置房间就会触发投影表面上不同人的图像。当观众走进时,仿佛"凭空"出现的人物向他走来,喃喃自语地说着几乎听不到的句子。

图153 玛丽·露西尔,《最后的仪式(波西塔诺)》[*Last Rites (Positano)*],1995。露西尔通过在如梦如幻的空间中摆放家具、照片和录像来回忆母亲在美国和意大利的生活细节。

　　语言、图像和强烈的未知感是美国艺术家苏珊·希勒(Susan Hiller, b.1940) 录像装置的特点。她的《野性天赋》(*Wild Talents*, 1997) 的灵感来自波兰灵媒斯特凡·奥索维茨基(Stefan Ossowiecki) 据说具有的心灵感应能力,该影片吸收了从 20 世纪 60 年代至今美国和欧洲电影中的片段,主要来自恐怖片,这些电影都以儿童的超能力为主题。希勒的装置利用极

图154 **玛丽 露西尔**，《吉维尼的俄亥俄》，1983。

露西尔赞美了她的出生地，将其与莫奈在吉维尼著名的家联系在一起。

简主义的重复策略，环绕画廊墙壁的两个角落，在流行宗教信仰和大众媒体的交汇处创造了一种令人着迷的仪式。

美国艺术家玛丽·露西尔（b.1944）的录像装置作品中充满了光线和风景（包括内在的和外在的）。在《吉维尼的俄亥俄》（*Ohio at Giverny*, 1983）和《荒野》（*Wilderness*, 1986）等作品中，露西尔向莫奈和19世纪美国发光主义致敬。在两件早期作品《黎明烧灼》（*Dawn Burn*, 1975）和《鸟眼》（*Bird's Eye*, 1978）中，她将一束激光直接对准摄像机的眼睛，烧毁了显像管。然后，她改变镜头的焦距，移动该激光，试图"记录"光线的改变，以此方式将她的技术作品与印象派对光线的观察联系起来。1993年的《斜屋（瓦尔迪兹）》[*Oblique House*（*Valdez*）] 展示了纽约州罗切斯特市一家前汽车经销店经过重新改造的空屋，露西尔将其改造成一座没有窗户、只有监视器的石膏板房屋。对露西尔来说，这种建筑环境"关乎图像和声音：房子外面是盲区；房子里面，电视监视器提供的窗户不是向外看风景的，而是向内看人灵魂的"。

154

探索身份

继早期的单通道录像艺术家（琼·乔纳斯、维托·阿肯锡、汉娜·威尔克、达拉·伯恩鲍姆）之后，录像装置艺术家使用该媒介对自我进行了不断深入的审视。摄像机的独特之处在于，它自身是实时图像的通道；当摄像机被放置在一个设计好的环境像是一个装置中时，它就有能力呈现一个自我的全貌。正如澳大利亚媒体艺术家特蕾西·莫法特（Tracey Moffatt, b.1960）大胆所说："我关心的不是貌似真实……我关心的不是捕捉现实，我关心的是自己创造它。"

装置环境还能让观众更多地参与到杜尚那句著名的"完成艺术物品"的过程中。在许多装置中，观众实际上是进入艺术作品，在字面意义上去体验的。对关注身份问题的艺术家来说，这种观者与被观者的最终融合尤其重要。边界的土崩瓦解也反映出某些艺术家受到了弗洛伊德式和拉康式心理治疗环境的影响，这种环境在 20 世纪 70 年代的艺术批评圈占据主导地位。艺术家需要对其艺术的语境负责，这一原则与观念主义结合，直接促进了装置的新的现实主义，在装置中，平凡和个人的东

图 155　**阿德里安·派普**，《它像什么？它是什么？#3》（*What It's Like, What It Is #3*），1991。派普常常在装置中与种族成见针锋相对。录音中的人物直接对着观众说话，挑战他们的预设和偏见。

西以非常直接的方式被重新想象。

随着媒体的技术能力被不断扩展,不同元素(声音、图像、雕塑环境)的整合也越来越广泛地被用于艺术家讲述他或她自己的故事。在一些评论家和一些艺术家看来,这使得艺术实践接近剧场实践。然而,鉴于激浪派表演行动和偶发艺术对 20 世纪后期艺术发展的影响,"剧场的"被纳入多媒体装置艺术也就不足为奇了,尤其是对那些其作品具有抒情性、诗意性或政治性的艺术家而言。

阿德里安·派普(Adrian Piper, b.1948)接受过艺术和哲学训练,在当代艺术中几个重要主题的交汇点工作。性别、种族、在场、缺席、文本和图像都在她的作品中得到了处理,自 20 世纪 60 年代末起,这些作品包括表演、声音、绘画、摄影蒙太奇,以及自 20 世纪 80 年代起的录像装置。派普是一位肤色不是太黑的非裔女性,她最初关注的是纯粹理性主义的观念主义,最终放弃了严格的雕塑,转而创作具有对抗性的装置,直接挑战观众的偏见。在《它像什么?它是什么?#3》中,派普将她早期的极简雕塑作品与录像结合,建造了一个白色垂直的盒子,盒子里的监视器从不同角度展示了一个非裔男人的头部。观众坐在盒子四周的白色看台上(派普说,就像罗马人观看狮子吞噬基督徒;也像坐在 20 世纪 60 年代末的极简雕塑上)。作品中的男人对常见的种族诽谤进行了反驳:"我不懒惰""我不粗俗""我不好色",等等。在这件近乎图腾的装置中,派普从多个层面诠释了自己的身份:智力的、艺术的、种族的和个人的。

1997 年,在由 17 台监视器、照片和翻倒的椅子组成的装置《走出角落》(Out of the Corner)中,派普通过让监视器上的说话者的头部特写直接向观众提出具有挑战性的问题,混淆了观众对各种种族和民族刻板印象的联想。

土耳其艺术家库特鲁·阿塔曼(Kutluğ Ataman, b.1961)的多屏幕装置作品《斯特凡的房间》(Stefan's Room, 2004)因其雕塑设计和涉及的身份问题而备受瞩目。其中,5 块屏幕被悬挂在天花板上,有些屏幕的一边指向地板附近,有些与画廊的墙壁成对角线。艺术家将这些并置称为他所描绘的主题的核心,一个痴迷于飞蛾的柏林人斯特凡。他的一个小公寓里有 30000 只飞蛾。这件作品描绘了一个在死亡标本中过着精神分裂生活

图156 **马修·巴尼**,《野外包扎（堵口）：手册A》,1989。

的孤独人格的肖像，色彩斑斓，但是非常令人不安。

在所有直面身份问题的录像装置艺术家中，也许马修·巴尼（b.1967）以其对男性身份的超现实主义探索超越了传统边界，获得了最广泛的世界关注。巴尼很快就从受瑙曼和阿肯锡启发的自己裸体攀爬工作室墙壁的录像——《野外包扎（堵口）：手册A》[*Field Dressing (orifill): Manual A*, 1989]——转向了1994年开始的《悬丝》（*Cremaster*）录像和装置中的丰富色

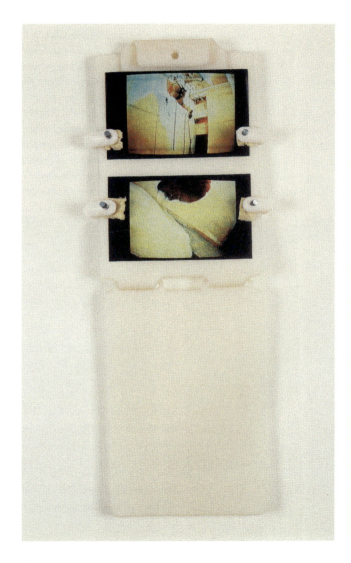

164

图157 **马修·巴尼**,作品静帧来自《悬丝 5》,1997。
从 20 世纪 70 年代在画廊或工作室拍摄的灵感录像带(左),到精心制作和拍摄的幻想片,并配有管弦乐配乐和华丽的电影摄影,巴尼的创作进展迅速。

彩和奢华场景。在这些作品中,盛装打扮的仙子、萨提尔和其他各种生物演绎着隐秘场景,这些场景源自巴尼对身体部位和体液、异性恋和同性恋关系、竞技和炼金术的关注。"提睾肌"(Cremaster,睾丸的薄悬肌)一词会让人联想到一个封闭的世界,这个世界在幻想和欲望的刺激下为性活动做好了准备。在巴尼的作品中,20 世纪末艺术对身体的探索达到了巴洛克式的程度,服装、化妆、假肢装置、奇幻的镜头画面和雕塑怪癖的作品价值,都暗示了在不断逼近死亡的目光下,人们对身份和快乐的不懈追求。特别是《悬丝 5》(1997),其精致的黑色服装和黑暗的音乐,给人一种大型葬礼的感觉,尽管水下有海仙女嬉戏的图像。

将强烈的戏剧感与先进的技术结合是日本小组 Dumb Type 的特征,该小组成立于 1984 年,当时其成员还是京都艺术大学的学生。Dumb Type 早期由古桥悌二(Teiji Furuhashi, 1960—

1995）领导，以受舞踏启发的表演和装置的形式工作。他们高度戏剧化的录像装置探讨了性和文化身份的问题，与他们的舞蹈和剧场实践有着明确的联系。《情人》（*Lovers*, 1994）是一个由计算机控制的五通道光盘和声音装置，展示了五位赤身裸体的男女，他们在墙壁与墙壁之间穿梭，跳着缺失联系的舞蹈。墙壁上出现了一些短语（"爱无处不在""别惹我，伙计，发挥你的想象力"），声音喃喃自语，难以分辨，身体从黑暗中浮现，面对观众，然后落回空间。艾滋病夺走了古桥的生命，其阴影一直笼罩着这个装置。

　　主要得益于投影设备的技术革新，录像装置在20世纪80年代末开始呈现出各种尺寸，从托尼·奥斯勒在悬挂的小椭圆形表面上的微小投影，到比尔·维奥拉和史蒂夫·麦奎因尺寸巨大的全墙展示。奥斯勒（b.1957）在《男人她她》15（*Mansheshe*, 1997）等装置作品中直接与观众的身份进行交互，在这些作品中，数个小型投影将混合交谈的头部投影到悬挂在杆子上的蛋形椭圆表面上。这些头部直视摄像机（也就是观众），高谈阔论着关于性别身份、个人宗教信仰和人际关系的格言警句。奥斯勒的作品具有明显的剧场吸引力，以幽默、离奇和有趣的投影为幌子，掩盖了尖锐的评论。从形式上看，奥斯勒试图将图像从电视屏幕上移走并投影到现实世界中。

　　几位20世纪末的艺术家涉及了女性身份的各种问题。美国艺术家艾米·詹金斯（Amy Jenkins, 1966）借鉴了奥斯勒及其之前的美国媒体和表演艺术家罗伯特·惠特曼的技术，将图像投影到衬衫或浴缸等日常物品上。在《退潮》（*Ebb*, 1996）中，浴 16 缸成了血水的存放处，血水实际上是投影在浴缸的陶瓷表面上的。一位女性爬进浴缸，血就会回流到她的体内，反向进行月经流动。这让人想起安娜·门迭塔在20世纪60年代末至70年代初拍摄和录制的自己在各种孤独和危险的环境中的飘渺图像。生于巴勒斯坦的莫娜·哈透姆（Mona Hatoum, b.1952）在自己的身体里安装了一台微型摄像机，将自己内脏器官的录像投影到一个圆形结构中，该结构类似一个被放置在步入式装置地板上的眼球。观众会有一种在艺术家生殖系统中穿行的模拟体验，这或许是对朱迪·芝加哥（Judy Chicago）的《晚宴》（*The Dinner Party*, 1974—1979）的新致敬。

德国艺术家罗斯玛丽·特罗克尔（Rosemarie Trockel, b.1952）在其录像装置《伊冯娜》（Yvonne, 1997）中，喜欢用孩子玩耍的图像、解开的布料纤维，以及受到黛安·阿勃丝（Diane Arbus）启发的年轻女孩在院子里跳来跳去的照片，穿插在一个满身狼蛛的女性的图像中，表现对日常生活的优雅欣赏。特蕾西·莫法特在她的录像装置《天堂》（Heaven, 1997）中，将女性的凝视投射到了男性的偷窥据点中。莫法特用便携式摄像机随意拍摄了年轻男人冲浪前脱衣服的过程。该片段似乎未经剪辑，是莫法特在海滩上的一个下午，对澳大利亚理想化的视觉商品——冲浪者，在室外更衣室里的记录。

皮皮洛蒂·瑞斯特的装置《曾经就是一切》（Ever Is Over

图158　托尼·奥斯勒，《男人她她》，1997。
奥斯勒的装置作品充满政治色彩但是不乏幽默，他将录制好的图像从人们熟悉的监视器上移走并投影到日常表面上。

图 159　**奥斯勒与凯利**(Mike Kelley),《诗学项目（巴塞罗那版本）》[*The Poetics Project (Barcelona version)*], 1997。装置现场：帕特里克画家公司（Patrick Painter Inc.），加利福尼亚圣莫尼卡。

在《诗学项目》中，奥斯勒与凯利提供了一个 20 世纪 70 年代文化的全景，当时他们正是加利福尼亚的新兴艺术家。

All, 1997）中有两个大型投影在墙角交汇。艺术家将缓慢变化的长茎红花镜头与一位衣着华丽的女性在街道上大摇大摆、哼着小曲、砸碎车窗的运动并置在一起。瑞斯特以时髦的红色图案演绎出的场景，拓展了她之前在狂热的《我不是错过太多的女孩》（1986）中公开表明的女性主义思想。瑞斯特在《秋水仙或秋季时间更短》(*Meadow Saffron or Fall Time Less*, 2004) 等装置中继续采用这种分屏在一角连接的技术，该作品是对她童年瑞士圣加仑的家的伤感沉思。

由斯蒂芬妮·史密斯（Stephanie Smith）和爱德华·斯图尔特（Edward Stewart）组成的苏格兰团队在他们的装置作品《交合》(*Intercourse*, 1993) 和《维持》(*Sustain*, 1995) 中混淆

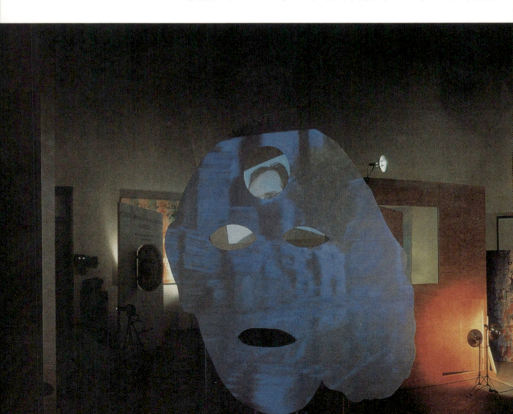

图 160 奥斯勒与凯利,《诗学项目(文献展版本)》[*The Poetics Project (Documenta version)*],1997。装置现场:"第十届文献展"(Documenta x),卡塞尔,德国。

图 161　莫娜·哈透姆,《陌生的身体》(Corps étranger), 1994。

了性别之间的关系。这对情侣将自己陷入隐秘习惯的过程录制下来,探讨了支配与服从、暴力与欲望等问题。

史蒂夫·麦奎因(b.1966)是 20 世纪 90 年代末兴起的年轻英国录像艺术家新浪潮中的一员[包括基思·派普(Keith Piper, b.1960)和索尼娅·博伊斯(Sonia Boyce, b.1962)],他的录像/电影组合装置为非裔男性创造了新图像。

在全墙投影《熊》(Bear, 1993)中,两个裸体男人(其中一个是麦奎因)进行了一场拳击比赛,这既是一场嬉戏的双人舞,也是一场战斗。在《五支歌》(Five Easy Pieces, 1995)中,叙事神秘而破碎。在这些作品中,麦奎因用更丰满、更复杂的人物取代了人们熟悉的体育和新闻报道中的非裔男性形象。美国电影史学家埃德·格雷罗(Ed Guerrero)曾说过,非裔男性在当代媒体中的再现是一个"真空区",而他的作品则好像填补了这一"真空区":在被美化的运动员或明星与深夜新闻中的无名暴徒之间的"无名地带"。麦奎因在《不动声色》(*Deadpan*, 1997)中为自己塑造了一个不朽的形象,在这部 4 分钟的电影中,他挪用了巴斯特·基顿的电影《船长二世》(*Steamboat Bill, Jr.*, 1928)中的一个滑稽片段,将其变成了对非裔决心和信念的赞歌。

20 世纪 90 年代中期,普通用户可以更广泛地使用数码相机,这一步被视为录像的"电影化"。伴随着更先进的剪辑设备,特别是 Avid 等数字非线性系统的出现,录像制作与电影的联系更加紧密。像巴尼这样的艺术家代表了一种模仿电影大屏幕观看体验的趋势,他们在全墙或全屏幕上投影实际上的单盘录像带并将这种作品称为"装置",而非装置中常用的多监视器或多物品环境。实际上,巴尼的《悬丝 5》是在一家电影

图 162　**罗斯玛丽·特罗克尔**,《伊冯娜》,1997。

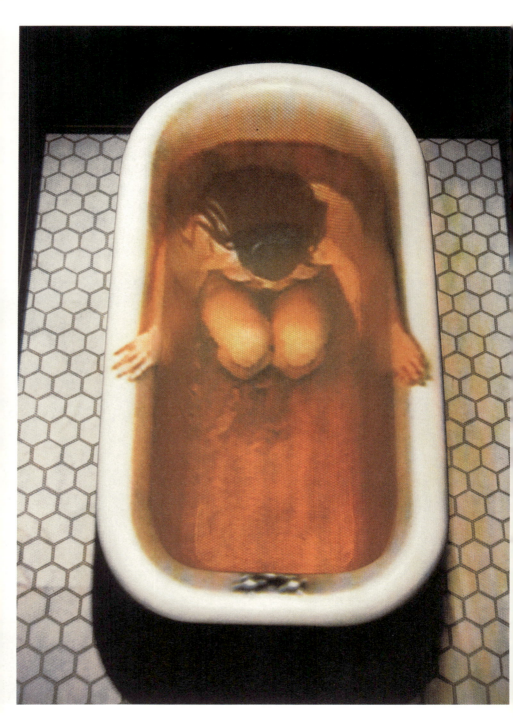

图163 (对页) **艾米·詹金斯**,《退潮》, 1996。
在艾米·詹金斯对女性身份的探索中,陶瓷浴缸变成了投影表面。

图164 (下) **斯蒂芬妮·史密斯与爱德华·斯图尔特**,《交合》, 1993。

院里放映的,而"装置"则完全是在一家画廊里展出的,它主要由录像/电影组合中的道具和场景组成。对史蒂夫·麦奎因和皮皮洛蒂·瑞斯特等其他艺术家来说,在画廊的全墙上一次投影一盘录像带仍然是最理想的展示形式,因为它将作品置于艺术语境中,尽管它使人想到电影的规模。但是有些艺术家,比如加拿大观念艺术家罗德尼·格雷厄姆(Rodney Graham, b.1949),已经在使用宽银幕电影摄像机拍摄作为装置展出的个人叙事短片。格雷厄姆在 1997 年威尼斯双年展上为其国家馆创作的华丽的《烦恼岛》(*Vexation Island*) 时长 9 分钟,重述了《鲁滨逊漂流记》的故事。与 20 世纪 70 年代崭露头角的其他观念艺术家一样,他将这个故事与法国哲学家吉尔·德勒兹(Gilles Deleuze)的暴力理论联系起来。对友好的艺术爱好者来说,《烦恼岛》可能是一个诱人的片段,就像来自一段漫长的皮

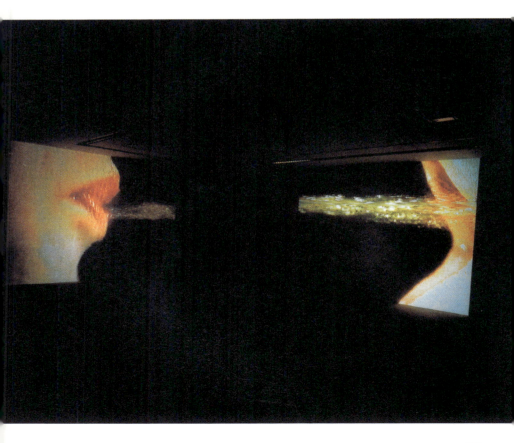

图 165 斯蒂芬妮·史密斯与爱德华·斯图尔特,《维持》,1995。

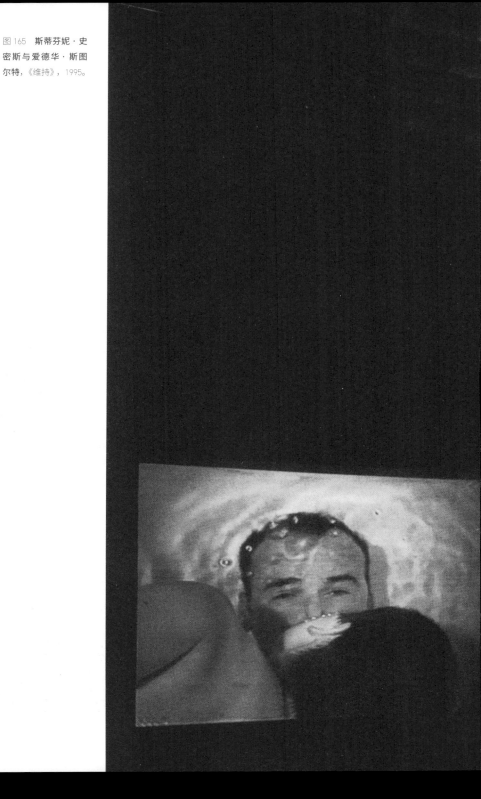

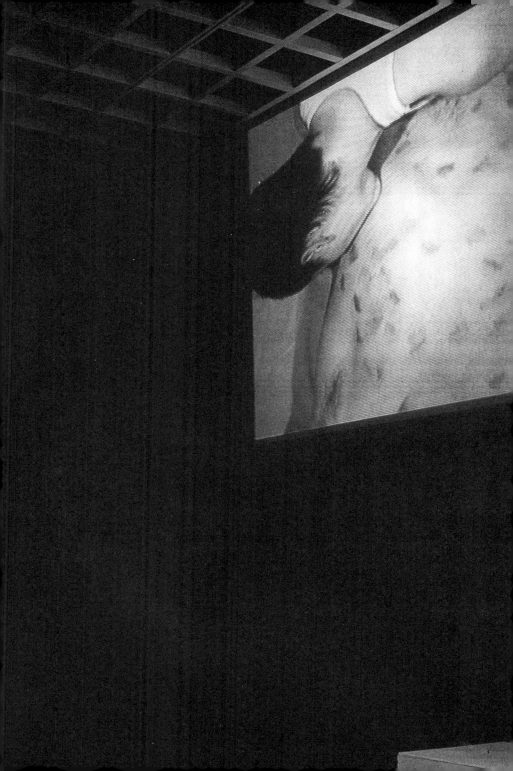

图 166 **皮皮洛蒂·瑞斯特**,两幅静帧来自《曾经就是一切》,1997。瑞斯特在瑞士一条干净、安全的街道上,将家庭花园中色彩斑斓的田园图像与一位女性随意砸碎车窗的暴力姿势并置。

娜·鲍什（Pina Bausch）舞蹈的一个片段，或者来自一幅超大的劳森伯格画布的一块浮雕。格雷厄姆对重复、慢动作和变换视角等熟悉手段的精心运用，使电影脱离了普通叙事电影的惯例，转而与戈达尔和沃霍尔为伍。

与先前的预测包括本书作者的预测相反，录像作为一种媒介取得了胜利。被认为即将消亡的东西（录像带）在数字技术的帮助下重新焕发了生机。从字面意义上理解，"拍摄"指的是使用 16 毫米或 35 毫米胶片制作运动影像艺术，而"拍摄"的魅力则已不再是问题。电影制作，或称电影，已成为一门录像艺术，形形色色的电影制作人都使用数字视频，尤其是高清录像作为素材。最近在电影界出现的完全或大部分用录像拍摄，部分但不是全部被转成胶片放映的例子有：《时间代码》（*Time Code*，2002）、《俄罗斯方舟》（*Russian Ark*，2002）和乔治·卢卡斯（George Lucas）大获成功的《星球大战》（*Star wars*）系列的"前传"系列。

这一历史性转变给录像艺术家带来了重要挑战。录像艺术现在如何将自己与电影区分开来？一些艺术家 [诗琳·娜夏特、埃亚 - 丽莎·阿提拉（Eija-Liisa Ahtila）、史蒂夫·麦奎因、艾萨

图 167　**史蒂夫·麦奎因**，《熊》，1993。

麦奎因的大型无声投影将观众带入强烈但是往往复杂的非裔男性图像中，这些图像通常由艺术家本人扮演。

克·朱利安（Isaac Julien）等]在他们的装置作品中明显参与了电影的东西。是艺术家在何处展示他们的作品（是画廊、博物馆还是电影院）标志着录像艺术和电影之间的区别吗？商业价值？艺术家的意图？如果艺术家只是模仿电影，但是时间更短、成本更低，那么录像艺术将难以为继。法国评论家雷蒙·贝洛（Raymond Bellour）在其文章《影像的战争》（*Battle of the Images*，2000）中指出，电影"正在受到其他影像系统的围攻"，其中大概包括电子游戏和录像装置。我认为录像艺术也面临着类似的战争，因为录像艺术家必须不断将自己与电影的可能性区分开来。由于数字技术甚至吞噬了电影，数字录像艺术家必须定义一个独具艺术性的空间，一个叙事、感知和视觉期待被打乱的地方。

图 168　（下页）**罗德尼·格雷厄姆**，《烦恼岛》，1997。
格雷厄姆用宽银幕电影技术拍摄了这部叙事短片，进一步模糊了艺术电影和商业电影之间的边界。

第四章

艺术中的数字

数字技术对 21 世纪艺术生产的影响说得如何夸张都不为过。从经过数字修改的照片到快速成型的雕塑再到量子（无摄像头）电影，数字技术的使用无处不在。即使一些"传统"画家，在走向其画架之前，也会在计算机上制作初步的素描。

在广大公众中，工业化国家的年轻人在线的时间多于看电视的时间，很多家庭把装满照片和家庭录像的旧抽屉送到数字处理公司，拿回来的 DVD 经过剪辑，看起来就像顶级纪录片。美国影评人埃德华·哈尔特（Edward Halter）对数字革命的看法颇具敌托邦色彩："在这个由名人领袖、录像带记忆、个人技术、电子恐怖主义、多通道超载和数字社交生活定义的时代，对新一代来说，工作和战争已成为可下载的游戏，而历史则再现为桌面上一堆杂乱无章的文件。"

正如 19 世纪末艺术风格的演化（已被编纂的古典主义、浪漫主义等）不再是艺术创作的有效分类一样，今天，任何对艺术实践的描述如果拒绝为技术留出空间，都是缺乏说服力的。艺术与技术之间曾经不稳定的联盟已经成熟：世界正不可阻挡地向数字（或计算机化）文化前进，艺术也在其中。数字艺术是一种机械化媒介，其潜力似乎是无限的。正如美国作家和策展人乔治·费菲尔德（George Fifield）所表达的："在计算机无摩擦、无重力的记忆空间中，艺术家能够毫不费力地重新定位和组合图像、滤镜和色彩，赋予他们之前无法想象的图像制作自由。"

数字技术是驱动计算机艺术、互联网艺术、数字摄影和数字视频、大部分当代声音艺术、实验雕塑和许多其他实践的动力，每种实践都有自己的历史和相关艺术家。

在任何发展一种语言来解决技术时代的艺术问题的尝试中，瓦尔特·本雅明（Walter Benjamin）于 1936 年撰写的文章《机械复制时代的艺术作品》（*The Work of Art in the Age of Mechnical Reproduction*）仍然是必不可少的参考资料。对本雅明来说，技术,尤其是摄影和摄像技术,提出了作者身份和艺术物品独特性的问题,艺术物品的"灵晕"在复制中消失了。如果图像可以被轻易复制,那么艺术何在?通过摄像机或照相机"复制"图像的问题与现在创作在非数字世界中没有参照物的作品的全新能力关系不大;其实,在我们所知的三维世界中也没有参照物。"复制"之于数字世界,就像热气球之于航空。使用数字技术,艺术家现在能够引入新的"制造"形式,而非"复制"。例如,"虚拟现实"是数字技术中更神秘的产物之一,它不仅是将数据转换成模仿现实的真人大小的图像,它就是自己的现实。据建筑师和评论家保罗·维利里奥(Paul Virilio)所说:"我们正在进入一个并非一个而是两个现实的世界:真实的和虚拟的。这并非模拟,而是替换。"本雅明在20世纪30年代末提出的关于可复制性的观点具有先见之明,它涉及艺术物品的"灵晕"和独特性并与通过使用透视法则来再现空间有关,这是自15世纪起艺术家一直关注的问题。在本雅明看来,"透视"和"再现性"是与真实的再现有关的概念;但是对于"真实"的概念,已经不再一致。数字世界远远超越了立体主义引入艺术的非线性,它正在成为一种新的现实,必须为之发展出一种新的批判和美学的语言。

以计算机为基本工具的数字技术涵盖了当代所有涉及技术的艺术领域,从电影到摄影、合成音乐、CD-ROM等。数字技术为图像带来的新力量使其变得无限可塑。在此之前,视觉信息是静态的,即图像虽然在胶片中可以编辑或在蒙太奇中可以与其他图像结合,但却是固定的。一旦被转换成计算机中的数字语言,图像的每个元素都可以被修改。图像在计算机中变成了"信息",而且所有信息都可以被操控。"有史以来第一次,"数字媒体先驱彼得·韦贝尔(Peter Weibel)说道,"图像成为一个动态系统。"

本章无法涉及数字技术对所有艺术形式的全部影响。本章将尝试重点讨论那些偏向基于计算机的实践,这些实践是各种具有代表性的艺术家正在进行的,他们的艺术创作将我们的定义从画布延伸到了更远的地方,延伸到了20世纪开始时甚至20世纪过半时无法想象的世界。数字艺术新形式的创造速度如此之快,以至于在出版之时,本书讨论的作品可能已经显得过时,

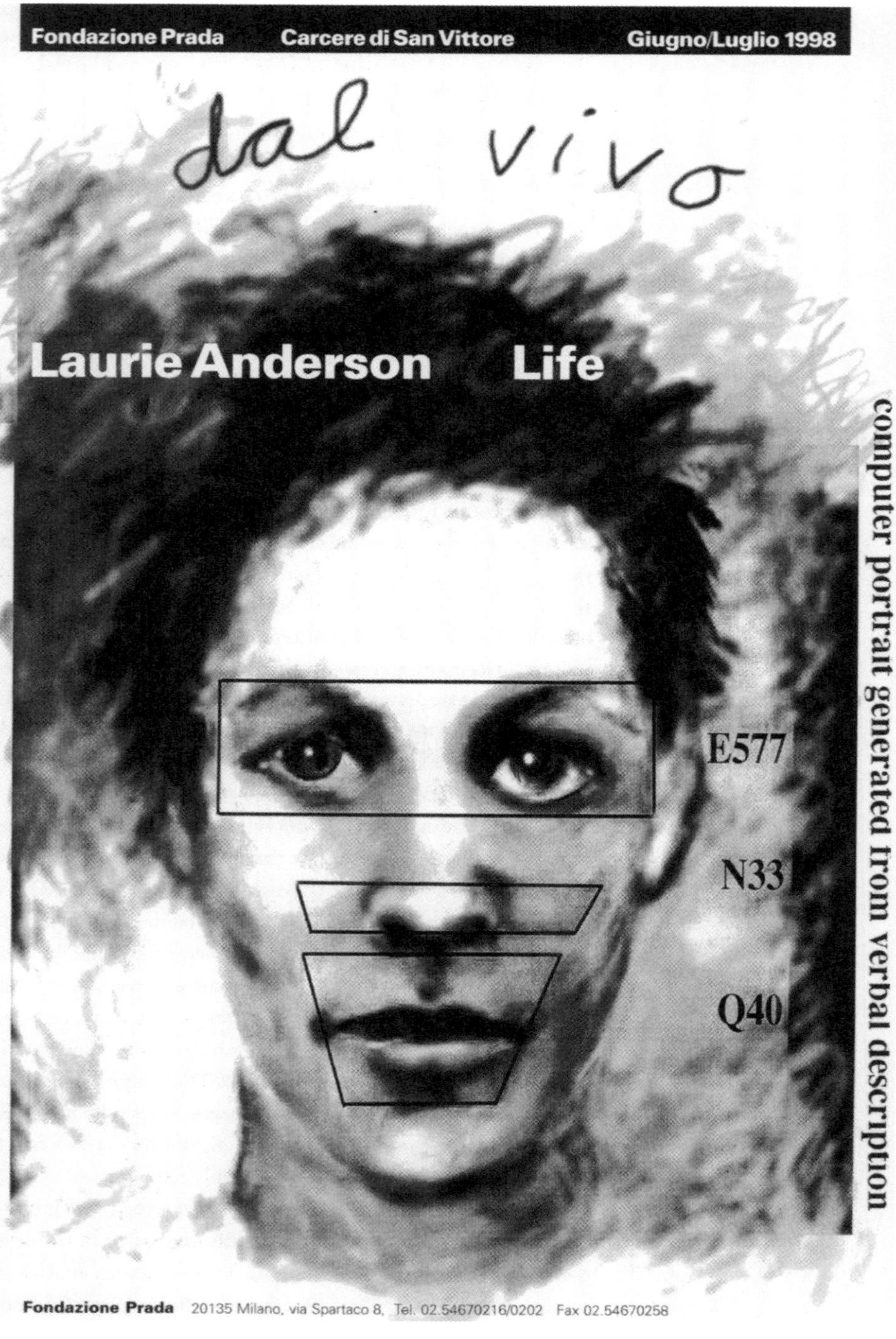

| Fondazione Prada | Carcere di San Vittore | Giugno/Luglio 1998 |

dal vivo

Laurie Anderson   Life

computer portrait generated from verbal description

E577
N33
Q40

Fondazione Prada   20135 Milano, via Spartaco 8, Tel. 02.54670216/0202   Fax 02.54670258

其新闻价值已经消退。宣言和预测的时代已经一去不复返了。任何关于"事情将如何发展"的声明,在打印出来甚至通过电子邮件发送出去之时就都已经过时了。

在谈到 1946 年费城摩尔电子工程学院推出的全数字电子计算机时,美国策展人查尔斯·斯坦巴克(Charles Stainback)写道:

在问世约 45 年后,这一技术奇迹已经在文化中扮演了无数角色——它将自己置于可被称为第二次技术变革的中心,即从工业时代向电子时代转变的中心。它是从模拟世界的限制到不断扩大的数字宇宙的投机的、看似无限的潜力的燃料。

在艺术中,视觉素养不再局限于"物"。它必须接受计算机内部存在的流动的、不断变化的宇宙,以及计算机带来的新世界:一个交互的艺术世界,它可以是虚拟的现实,也可以是彻底的相互依存,将"观众"纳入艺术作品的完成过程。当杜尚提出艺术作品要靠观众来完成观念的时,他并不知道到了 20 世纪末,一些艺术作品(比如交互电影)会在字面意义上靠观众来完成,不仅要靠观众来完成它们,而且要靠观众来启动它们并赋予它们内容。

"交互"已成为描述数字时代艺术类型的最具包容性的术语。艺术家与机器进行交互(与一个"自动化但智能化"的对象进行复杂的交互),用以创造与观众的进一步交互,观众可以在自己的机器上唤起艺术,也可以通过参与预先编程来操控艺术,这些程序本身可以根据观众的指令或简单的运动变化(迄今为止只在有限的范围内)。在日本小组 Dumb Type 的交互装置《情人》(1995)中,观众在一个激光操作的视觉系统前的运动会触发预先拍摄好的演员走向观众并向他们说话的图像。在博物馆外,《吃豆人》(Pac-Man)、《战争地带》(Battlezone)、《青蛙过河》(Frogger)和《食人鲨》(Maneater)等电子游戏让一代青少年和他们的长辈了解了交互媒体。就像录像艺术一样,美学问题层出不穷,但是也正像现在每一次国际当代艺术调查都会有所呈现的录像艺术一样,只要艺术家坚持不懈,艺术就会出现。

图 169 (对页)计算机生成图像,用于宣传**劳里·安德森**在米兰普拉达基金会展出的《居住》(Dal Vivo)装置。

随着数字技术的出现,图像的制作和感知发生了根本的变化。现在,图像可以自数值(数字 1 和 2)创建并被进行前所未有的操控。

数字修改的摄影

个人计算机使用数量的提升引导了一个时代,许多艺术家能够获取原始素材(一幅照片)并使用计算机语言对其进行操控。照片通过扫描被转化为计算机语言是一个简单的过程,这一过程将二维图像转化为计算机的数学二进制(或数字)语言。原始材料(照片)变得可塑,因为它现在只由离散的数字组成。

有趣的是,尽管几件著名的早期计算机艺术作品 [诺尔(Noll)、惠特尼] 具有抽象性,但是 20 世纪 80 年代,作为艺术家玩弄计算机成像技术的机械可能性,再现性图像与数字修改的艺术一起卷土重来。例如,在让 - 皮埃尔 · 伊瓦拉尔(Jean-Pierre Yvaral)和莉莉安 · 施瓦茨(Lillian Schwartz)的作品中就出现了几幅列奥纳多《蒙娜丽莎》的数字重做图像。伊瓦拉尔的《合成蒙娜丽莎》(*Synthesized Mona Lisa*)类似怪异的查克 · 克洛斯(Chuck Close)肖像,由基于数值分析的著名面孔结构的重构组成。施瓦茨的《蒙娜 / 列奥》(*Mona/Leo*,1987)将蒙娜丽莎的半张脸和列奥纳多的半张脸放在同一画面中。这些艺术家醉心于用计算机将过于熟悉的图像重新激活的能力,他们可能是在实践"挪用艺术"[在雪莉 · 莱文(Sherrie Levine)等人 20 世纪 80 年代的作品中很流行],但是,通过对其进行技术扭曲,用波普尔(Popper)的话说,他们是在尝试"创造出具象与抽象不再对立的视觉现象"。在莱拉 · 鲁宾(Lera Lubin)的作品《历史的记忆与计算机的记忆相遇》中,

图 170　**莱拉 · 鲁宾**,《历史的记忆与计算机的记忆相遇》(*Memory of History Meets Memory of the Computer*),1985。

图 171　**莉莉安·施瓦茨，《蒙娜／列奥》**，1937。
扫描让艺术家可以将照片或任何印刷材料转化为计算机的数字语言并对图像进行操控。

图 172　让-皮埃尔·伊瓦拉尔，《合成蒙娜丽莎》，1989。在这幅数字图像中，数值分析让艺术家可以重构达·芬奇的著名面孔。

艺术家将古典绘画《圣母与圣婴》（Madonna and Child）中的图像扫描到她的计算机中，然后进行重做，用以说明该绘画中隐藏的性意图。

　　美国艺术家基思·科廷厄姆（Keith Cottingham, b.1965）迄今为止的所有摄影作品都完全依靠图像的数字操控。他在数字构建的彩色照片《虚构肖像系列》（Fictitious Portraits Series, 1992）中努力与传统绘画和摄影肖像背后的神话斗争。他以一张照片为起点，运用数字绘画和蒙太奇工具，创作合成图像，虽然乍看之下与普通照片无异，但却混淆了种族、性别和年龄的边界。美国人安东尼·阿齐兹（Anthony Aziz, b.1961）和委内瑞拉出生的萨米·库切尔（Sammy Cucher, b.1958）在他们的合作项目《敌托邦系列》（The Dystopia Series, 1994）中拍摄了一系列更令人不安的数字照片。他们对摄影中的某些技术进步提出了批判（"随着摄影中真相的终结，信任也随之丧失；"他们说道，"每幅图像、每次再现现在都是一个潜在的欺诈。"），他们拍摄了人的普通照片，并用数字技术擦除了他们的眼睛和嘴巴，因此产生了非人类化的头部。

　　生于英国的艺术家维克多·伯金（Victor Burgin, b.1941）在

图173 **基思·科廷厄姆**,《无题（三重）》[Untitled (Triple)]，1992。通过数字绘画和蒙太奇，科廷厄姆在他的"虚构肖像"中质疑了再现的本性。"我并非再现主体，"他说，"而是想象身体，既有一般的身体，也有特殊的身体。"

其作品中寻求与画家传统的亲和力，尤其是在明暗法（通过明暗渲染来增强三维效果）方面。自1971年起，他对符号学和精神分析的兴趣也在其摄影中得到了体现。他于20世纪90年代在《新天使（街头摄影）》[Angelus Novus (Street Photography)，1995]等作品中转向数字化图像，这是一幅数字印刷三联画，其中中央的女性图像（艺术家在1980年拍摄的照片）经过明暗对比重做，两侧是两幅经过操控的第二次世界大战中飞机投下炸弹的照片。

美国艺术家奇普·罗德（Chip Lord, b.1944）精心制作了一系列名为《二十世纪的觉醒》（Awakening from the Twentieth Century）的数字化版画。在这件作品中，他在计算

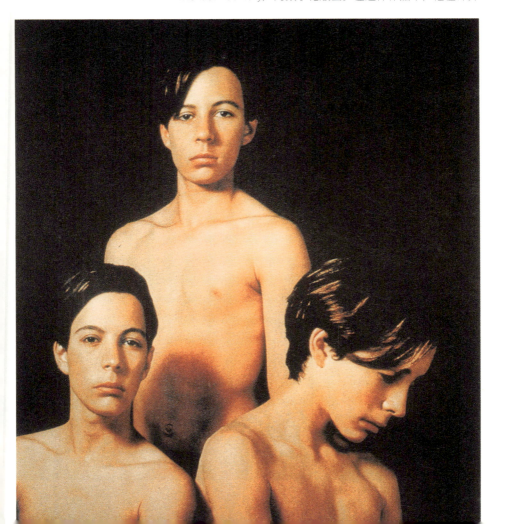

机中无缝组合了日本的鱼贩和印有广告的摩托车的图像,以及墨西哥的当地节日牧师和街角卖鞋男人的图像,试图描绘一个"被通信革命抛在后面"的人的世界观。

艺术家经常提到他们使用计算机"调整"照片,即用数字技术修改他们的原始照片,用以再现一个不同的现实。生于日本的森万里子穿着自己设计的服装进行拍摄,让人想到超现实生物。在《明星的诞生》(*Birth of a Star*, 1995)中,她在对自己的图像进行数字操控后,以塑料玩偶/流行明星的形象出现,看起来既可怕又神秘。

加拿大艺术家杰夫·沃尔(Jeff Wall, b.1946)是使用数字技术扩展作品视觉可能性的摄影艺术家的代表。他使用计算机制作蒙太奇,他说,"否则就无法制作"。例如,在《疾风》(*A Sudden Gust of Wind*, 1993)中,他的创作看起来像是一个瞬间的定格画面,一阵疾风让纸张和物品在空中飞舞。

沃尔有时将自己的摄影称为"电影摄影",因为他为获得自己想要的图片采用的方法与电影有许多相同之处,包括以非常精确的方式安排表演者和非常特别的场景布光。他的最终产品也可以与数字电影剪辑相提并论。在《黎明》(*Dawn*, 2001)这幅 10 英尺宽的照片中,他用数字技术将街灯在不同时间的八张独立图像组合在一起,目的是获得恰到好处的效果。他大量使用计算机创作在根本上是蒙太奇的照片,尽管该蒙太奇是肉眼不可见的。

德国艺术家安德烈亚斯·古尔斯基(Andreas Gurksy,

图174 **奇普·罗德**,洛杉矶中央市场,2006年12月/加利福尼亚州圣何塞赞克路3300号索尼电子,1994年8月,来自《二十世纪的觉醒》系列,1994—1995。

奇普·罗德从电影《银翼杀手》(*Blade Runner*)中汲取灵感,用数字技术将世界各地的图像组合在一个场景中,描绘了一个"承认过去和现在的存在是文化连续性的组成部分"的未来。

图 175 （上）**维克多·伯金**，《新天使（街头摄影)》，1995。
在这幅数字照片三联画中，伯金希望我们看到一个从中间向外看的"天使"，两侧是"翅膀"。
实际上，少女的面孔摘自艺术家多年前拍摄的一张照片，它位于第二次世界大战轰炸的鸟瞰图之间。

图 176 **杰夫·沃尔**,《疾风（仿北斋）》,1993。
凭借数字技术，艺术家们可以创作虚构的叙事，这些叙事与传统的化学处理照片几乎没有关系。

b.1955)因拍摄巨幅室内照片而声名鹊起,他用微妙的数字操控来实现作品超乎寻常的复杂性,比如《芝加哥期货交易所 II》(*Chicago Board of Trade* II,1999),该作品包含了数量多到无法想象的场内交易员;或《卡尔斯鲁厄西门子公司》(*Siemens, Karlsruhe*, 1991),该作品也包含了非常多在机器前工作的工人。甚至非常著名的伦敦艺术二人组吉尔伯特与乔治(Gilbert and George,吉尔伯特1943年生于意大利,乔治1942年生于英国)也开始报复性地进行数字再处理。他们2004年的展览"反常图片"(Perversive Pictures)在画廊中展出了大多基于嘻哈文化的照片,其中包括万花筒般的《酷》(*Cool*)。

与任何技术驱动的媒体一样,当技术跟上艺术家的愿景,或者反过来说,艺术家跟上技术时,作品才最有活力。在绘画或雕塑中,改变的是观念和材料的使用。对基于技术的艺术来

图177 **杰夫·沃尔**,《男孩们穿过树篱》(*Boys Cutting through a Hedge*),温哥华,2003。

杰夫·沃尔用数字技术来服务他将照片作为"体验"的观念。
他对图像进行加工和再加工,在特定场景中插入不同镜头,目的是为观众提供全面的体验,但是这种体验并非基于文献证据。在这幅照片中,他重构了几年前创作另一件作品时目睹的场景。

图 178　**安德烈亚斯·古尔斯基**，《卡斯鲁厄西门子公司》，1991。

说，当技术发生改变时，媒介本身也会发生根本的改变。迈布里奇用他的"计时摄影"捕捉运动时感受到的兴奋，如今已被修改现实、让真实变得虚幻的热情取代。在一些评论家看来，基于计算机的艺术缺乏像抽象绘画一样的趣味深度。他们觉得这很无趣，或者就像全息摄影一样，其花招过于肤浅。美国摄影评论家 A.D. 科尔曼（A.D. Coleman）对他在 1999 年纽约罗切斯特的"蒙太奇 93"国际影像节上看到的许多东西做出了回应。他说："大部分是铃声、哨音和要按的按钮：这里的一切都嗡嗡作响、叮当作响、闪烁不定、开开关关。"

数字电影的

可以说，电影是 20 世纪占主导地位的艺术形式，其影响力遍及全球，既通俗又先锋，既高高在上又深刻得令人难忘。人类似乎很喜欢运动或静止图画的幻觉，这些幻觉使他们自己的生活体验充满活力。如果这些影像是用 35 毫米胶片拍摄的，那

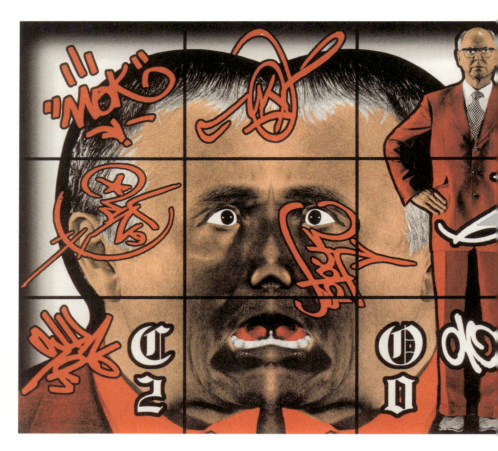

图 179　吉尔伯特与乔治,《酷》,2004。

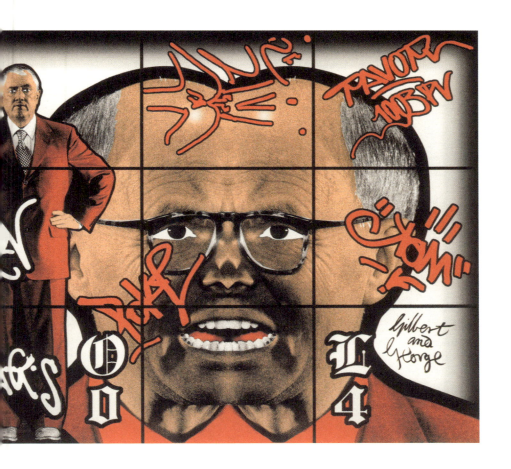

图 180 （下）**诗琳·娜夏特**，《狂热》（*Fervor*），2000。

图 181 （对页）**诗琳·娜夏特**，《狂喜》（*Rapture*），1999。
电影艺术家诗琳·娜夏特是装置艺术家中的代表人物，她的创作冲动明显倾向电影。

她丰富的电影装置有单屏和多屏两种，通常用 16 毫米胶片拍摄，然后被转录到 DVD 或光盘上用于投影。她在摩洛哥拍摄的引人注目的叙事作品涉及其祖国伊朗的身份认同和性压抑的问题。

就更好了，因为它的质感是如此的丰富和浪漫。

通过谢尔盖·爱森斯坦、大卫·里恩（David Lean）和英格玛·伯格曼（Ingmar Bergman）等大师的镜头讲述的 20 世纪电影的"宏大"故事已经结束。电影已成为一种视频艺术（不是录像艺术，因为录像艺术作为一种艺术媒介有其自身的历史），因此，它是一种数字艺术，一种新媒体艺术。导演 [让 - 吕克·戈达尔、史蒂文·斯皮尔伯格（Steven Spielberg）] 已经成为新媒体艺术家。他们并非别无选择。数字视频如今已经渗透到了电影艺术中。有些人担心，随着演员、外景、场景甚至摄影机都被计算机生成的图像取代，数字技术甚至将永远改变主流电影机器，罗伯特·泽米吉斯（Robert Zemeckis）2004 年拍摄的电影《极地特快》（*The Polar Express*）就是如此。媒体艺术家和作者列夫·马诺维奇（Lev Manovich）在 1995 年发表的文章中，对数字电影的现状和未来进行了相当直白的概括，"什么是数字电影？"："现在的实拍镜头……是进一步合成、制作动画和变形的原材料"。

"新艺术电影"由多屏幕、全景、穹顶投影、多用户、非

本地（即在线）的装置组成。自20世纪60年代起，多屏幕和多图像投影已经为人熟知，随着艾萨克·朱利安（b.1960）、埃亚－丽莎·阿提拉（b.1959）、皮埃尔·于热（Pierre Huyghe, b.1962）、道格·阿提肯等艺术家的电影装置的出现，这一形式达到了登峰造极的地步。

英国艺术家艾萨克·朱利安于1983年开始创作叙事短片和纪录片，当时他还在艺术学校学习。他拍摄的自称为"戏剧/纪录片"的《寻找兰斯顿》（*Looking for Langston*, 1989）使他在电影节巡回上大放异彩。1996年，他创作了第一件多屏幕电影装置，这也是他最为人称道的作品。《捆绑》（*Trussed*）是一件10分钟的黑白16毫米电影的双投影作品，讲述的是两个年轻男人（一黑一白）的虐恋故事。在艾滋病肆虐的时代，种族和性别身份的问题与一种挽歌式的失落感交织在一起。娓娓道来的跟踪镜头、俯瞰视角、戏剧性布光、化妆和服装都营造出了一种无与伦比的电影效果。

他后来的作品，包括《长路通往玛莎特兰》（*The Long Road to Mazatlán*, 1999）、《奥梅罗天堂》（*Paradise Omeros*, 2003）和《巴尔的摩》（*Baltimore*, 2003），都采用了多屏幕并以色彩华丽的电影拍摄环境为特色。朱利安的创作领域十分广泛，不仅包

图182　**艾萨克·朱利安**，《巴尔的摩》，2003。

图 183　埃亚 - 丽莎·阿提拉,《房子》,2002。

括种族和阶级身份的问题,而且包括电影的历史和理论,以及绘画、舞蹈和记忆心理学。

多屏幕投影也是芬兰出生的艺术家埃亚 - 丽莎·阿提拉作品的核心,她的职业生涯始于电影和电视导演。她喜欢将复杂的电影叙事转化为分屏,这反映了她的主体的心理,他们往往饱受深层心理冲突的折磨。在三屏投影《房子》(*The House*, 2002)中,一位孤独的女性想象自己在树林中飞翔。

图184 皮埃尔·于热,《第三记忆》,1999。

法国人皮埃尔·于热也以其雕塑和观念艺术著称,他以电影为基础创作了多件装置,包括《重做》(Remake, 1995),一个对阿尔弗雷德·希区柯克(Alfred Hitchcock)1953年的电影《后窗》(Rear Window)的重新演绎;以及《第三记忆》(The Third Memory, 1999),一个对西德尼·吕美特(Sidney Lumet)1975年的《热天午后》(Dog Day Afternoon)的重新想象。在每个案例中,于热都聘请业余演员来表演原版电影中的场景,其目的并非模仿前作,而是揭示电影的机制(例如,说台词,而非"表演")。这种与原作保持的"距离"为观看场景提供了一种新的现实体验。1999年,在一次为埃因霍温凡艾伯当代美术馆的"电影电影"(Cinema Cinema)展览所做的采访中,于热说:"在开拍前几个小时,演员才第一次看到自己的台词……我实时记录下的正是他们的问题、犹豫、沉默等。"于热的数字视频运用了电影技术(推拉镜头、跟踪拍摄),但不是为了叙事。他打破了电影的叙事张力,目的是在观众和行动之间建立一种新的关系。从这个意义上说,他的作品与道格拉斯·戈登的《24小时惊魂记》(24-Hour Psycho, 1993)有异曲同工之妙,但是于热的方法和目标截然不同。戈登在他的装置作品中使用了原作片段，而于热则用一个新的演员"集体"对原作进行了重做，对他来说，这些演员的实时交互比电影的叙事内容更重要。尽管如此，他的出发点仍然是电影。

道格·阿提肯已经从多屏幕投影发展到多屏幕环境。他使用 16 毫米胶片和数字视频进行创作，他的摄像机从 1996 年令人遗憾的被火山摧毁的蒙特塞拉特岛 [《橡皮擦》（eraser, 1997)] 移动到一个年轻独行者在漫漫长夜中在阴影中移动的洛杉矶街头 [《电动地球》（electric earth, 1999)]。在后者中，迷宫般的遮蔽物成为他独自漫步的投影表面。

以色列录像艺术家和摄影师米歇尔·鲁芙娜 (b.1957) 的作品是她煞费苦心进行数字剪辑的产物，无论她拍摄的是什么活物，都会将其可辨认的个体特征——抹去。在她视频中由数百名身材矮小、沉默寡言、衣着简朴的人组成的人群中，她似乎在呼唤着贝克特和贾科梅蒂（Giacometti）的灵魂。她独特的艺术创作还融入了来自她毕生经历的祖国中东冲突的政治敏感性。

《时光逝去》是一个巨大的从墙到墙的视频装置，一

图 185 （上）**道格·阿提肯**，《电动地球》，1999。

图 186 （中）**米歇尔·鲁芙娜**，《更多内容》（More），2003。

图 187 （下）**米歇尔·鲁芙娜**，《时光逝去》（Time Left），2003。

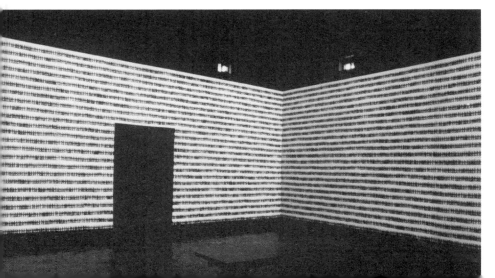

排又一排的剪影人物伴着嘈杂的电子音乐，成千上万地向着一个不知名的终点行进。显然，这与死囚或世界末日事件的幸存者有关，或者只是朝圣者主动走向预期的宗教启示。或者都不是。这件装置可以并确实意味着很多东西。

在一个名为"在石中"（In Stone, 2004）的展览中有一个令人惊叹的系列作品，是类似的剪影人物在大石板上行进的数字视频投影。缓慢移动的人物似乎在翻阅远古卷轴，试图与我们进行来自远古的交流。对鲁芙娜来说，数字剪辑是一种用来满足自己想象的工具。她用这些工具制作精美的材料，像最光滑的大理石或最柔软的颜料。

美国艺术家保罗·费弗（Paul Pfeiffer, b.1966）也掌握了一些后期制作数字编辑技术，用以完成他对身份和社会结构的复杂审视。在《约翰福音 3:16》（JOHN 3:16, 2000）中，艺术家将五千多个篮球投篮的单个画面数字化，并对其进行重置，用以突出非裔男性对球的迷恋，因此为非裔男性运动员写了一首挽歌。同样，在《受难片段（仿弗朗西斯·培根）》[Fragment of

图188　**伊芙·萨斯曼**（Eve Sussman），《阿尔卡萨的89秒》（*89 Seconds at Alcazar*），2004。这段12分钟的循环视频采用高清视频拍摄，想象了委拉斯贵支的绘画《宫娥》（*Las Meninas*）中描绘的西班牙皇家宫廷中同一批人的活动。委拉斯贵支因其超前的摄影品质而闻名。萨斯曼的作品蕴含丰富的电影细节，其本身就是艺术史上最著名绘画之一的主观纪录片。

图189 保罗·费弗,《受难片段（仿弗朗西斯·培根）》, 1999。

a Crucifixion (After Francis Bacon)，1999] 中，他剪辑了另一场篮球比赛的视频片段并分离出一位球员在完成"扣篮"后的身影。费弗剪辑掉了原始片段中的其他选手和所有商标。当周围人群发出像古罗马人为角斗士面对狮子而欢呼一样的认可咆哮时，该球员显得既愤怒又狂喜。

计算机艺术

正如许多技术和艺术的进步一样，数字艺术与其说根源于艺术学院，不如说根源于市场，这里指的是军事防御系统。20世纪50和60年代期间，西方与现已解体的共产主义联盟之间的冷战推动了技术的飞速发展，尤其在计算机智能的研究和开发方面。1946年，宾夕法尼亚大学推出了世界上第一台数字计算机 ENIAC[电子数值积分计算机（Electronic Numerical Integrator and Computer），尺寸约有一个大车库那么大]；1951年，第一台能够处理数值和文本信息的商用电子计算机（UNIVAC）获得专利。研究中心通常能够得到政府的支持，促进了计算机技术的深入实验研究，其中一些涉及了音乐和艺术。因为这些研究员中的许多人首先是对艺术有非职业兴趣的科学家，因此所谓早期计算机艺术的美学水准颇为可疑。

经常与德国人弗里德·纳克（Frieder Nake）和乔治·尼斯（Georg Nees）一起被称为第一批"数字艺术家"的美国人

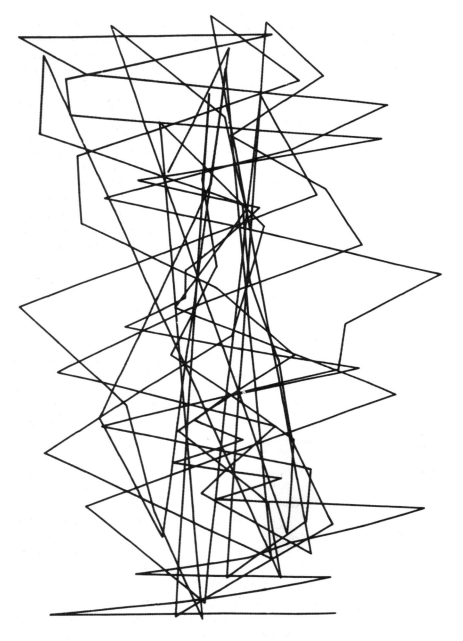

GAUSSIAN-QUADRATIC (1963)
BY A. MICHAEL NOLL

A. 迈克尔·诺尔（A. Michael Noll）就是一个典型的例子。当早年作为在新泽西贝尔实验室从事电话传输质量研究的研究员时，他就开始制作抽象的计算机生成图像了，比如《高斯二次型》190 (Gaussian Quadratic, 1963)，他认为这件作品让人想到毕加索的立体主义。1965 年，纽约的霍华德·怀斯画廊展出了"计算机生成图画"（Computer-Generated Pictures），其中包括诺尔和他的同事贝拉·朱尔兹（Bela Julesz）的几件作品，这被认为是第一个致力于计算机艺术的展览 [事实上，几个月前，纳克和尼斯就在斯图加特的尼德里奇画廊（Galerie Niedlich）公开展出过]。展览以此为标题是因为并非所有参与者都认为他们用计算机图像做的事情是艺术。诺尔的几幅早期作品都是基于包括蒙德里安在内的其他人的绘画创作的。诺尔自己指出了早期计算机艺术的美学问题。"计算机只是被用来复制美学效果，"他在 1970 年写道，"这些效果很容易通过使用传统媒体获得……计算机在艺术中的使用尚未产生任何接近全新美学体验的东西。"

虽然对"一种全新美学体验"的渴望可能是一个过于乌托邦的目标，但是诺尔表达了对计算机艺术最初几十年的担忧。事实上，直到 20 世纪 90 年代末，这种艺术形式的美学水准才有所提高。弗兰克·波普尔（Frank Popper）在其经过广泛研究的《电子时代的艺术》(Art of the Electronic Age, 1993) 中认为，20 世纪 80 年代中期以前的计算机艺术很少有值得一提的例子。早期的计算机艺术家似乎被机械或未来主义的意象吸引，仿佛机器艺术必须与机器本身有某种相似之处，这让人想起了他们视机器为伙伴的构成主义前辈 [例如雕塑家亚历山大·阿契本科（Alexander Archipenko）和瑙姆·加博（Naum Gabo）]。虽然这可能是很自然的事情，但是这种艺术可能会有某种千篇一律的感觉，正如许多早期计算机艺术的几何形式证明的那样。

计算机艺术发展和评估中的困难之一是那些知名或即将知名的艺术家并没有在自己的艺术作品中采用这种形式。布鲁斯·瑙曼、理查德·塞拉和约翰·巴尔代萨里等人都是录像艺术的早期实践者，而计算机艺术则不同，它没有这样的知名艺术家。这种情况的一部分原因在于 20 世纪 60 年代中期和 70 年代反文化主义者和艺术家的反技术情绪。各种生态和反核团体对政府在核能和核技术方面的实验提出了抗议，这可能给计算

图 190　**迈克尔·诺尔**，《高斯二次型》，1963。
早期的计算机艺术往往类似几何抽象画。

机技术的艺术实验蒙上了阴影。此外，当时还没有可与索尼 Portapak 录像机或手持摄像机相提并论的易于使用的计算机，而这些录像机和摄像机都是昂贵的商业电影设备的廉价替代品。直到20世纪80年代，个人计算机才开始出现在普通人的桌子上。

与迈克尔·诺尔一样，其他几位计算机艺术的早期实践者也与研究机构有关，尤其是美国的贝尔实验室。实验电影制作人斯坦·范德比克和艺术家莉莉安·施瓦茨曾在那里与工程师肯尼斯·诺尔顿（Kenneth Knowlton）合作，制作出了如今被视为计算机艺术的开创性作品。范德比克在1964年创作的《诗域》(Poem Fields) 是一部数字生成抽象图像的速射电影，施瓦茨在1970年创作的《像素化》(Pixillation) 也由编程抽象图像组成。更早之前，电影制作人约翰·惠特尼已经开发了一台机械模拟计算机，制作了他的《目录》(Catalog, 1961)。《目录》是一部

图 191　**莉莉安·施瓦茨**，《像素化》，1970。

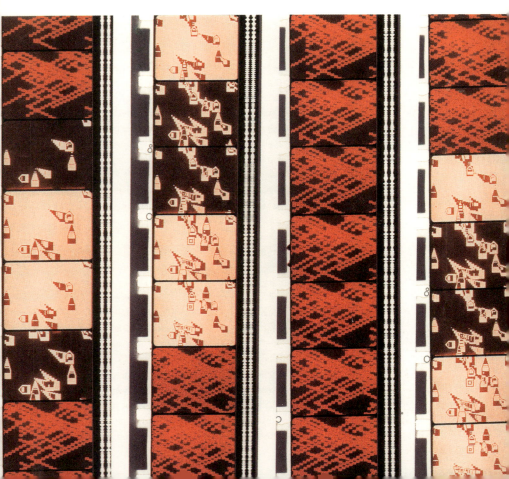

图 192　约翰·惠特尼,《目录》,1961。

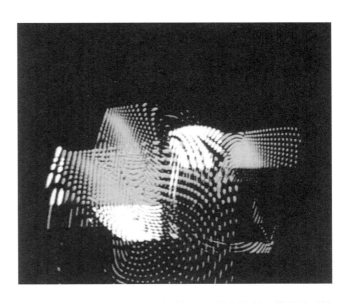

由计算机制作的抽象图像组成的短片,其创作使用的是过时的军用计算设备。

除了拍摄抽象图像之外,一些早期的计算机艺术家还试图重新创造来自迪士尼电影令人耳熟能详的动画图像。动画一直都有其所谓的高雅艺术从业者。美国人查尔斯·苏黎(Charles Csuri)在1967年与计算机程序员詹姆斯·谢弗(James Schaffer)合作的动画电影《蜂鸟》(Hummingbird)展示了一段鸟儿先溶解、再重组的图像,这都是通过一个计算机程序完成的。动画一直在计算机艺术中扮演着重要角色。正如南非艺术家威廉·肯特里奇(William Kentridge, b.1955)在视频和电影中展示的那样,动画可以成为异乎寻常的形式和语境实验的发生之处。法国艺术家迈克尔·高姆尼茨(Michaël Gaumnitz)在1985年至1989年间用计算机创作了一系列个人动画,名为《速写、肖像和致敬》(Sketches, Portraits, and Homages)。艺术家利用粘贴、擦除、移位和增殖等简便易行的技巧,开发了一个"电子调色板",即兴创作了主题与个人记忆有关的作品。

艺术家对技术的创新性使用在早期的录像艺术中也很明显,这导致了技术本身的巨大进步。20世纪70年代中期,艺术家曼弗雷德·莫尔(Manfred Mohr)、约翰·邓恩(John Dunn)、丹·桑丁和伍迪·瓦苏尔卡开发了用于二维和三维成像创建的

图193 （上） 威廉·肯特里奇，《无题（为月球之旅而绘）》 [Untitled (drawing for Journey to the Moon)]，2004。

威廉·肯特里奇使用动画媒介，创作了关于南非残酷种族隔离制度的电影和视频，令人触目惊心。他从炭笔或粉笔开始，用16毫米胶片拍摄，然后转换成视频来投影。他的动画是以其同胞真实的令人毛骨悚然的经历为基础的幻想无缝飞行。

软件。作曲家赫伯特·布伦（Herbert Brun）和莱杰伦·希勒（Lejaren Hiller）为计算机设计了作曲工具，这些工具预见了现在所有主流音乐家都在使用的键盘合成器。

维拉·莫尔纳（Vera Molnar）被认为是计算机艺术的先驱，她将极简主义者的敏感性融入计算机图像，在计算机上创作出错综复杂、高度控制的作品，比如《跑酷》（Parcours, 1976），乍看之下像是一系列草率的线条素描。她使用计算机将她的保留剧目扩展为一种先锋，使得"偶或随机的东西具有颠覆性，目的是产生一种美学震撼，打破系统性和对称性"。

尽管在20世纪70年代中后期，计算机艺术中出现了其他创新，但是人们普遍认为，计算机艺术在20世纪70年代初首次活力迸发之后就陷入了低迷。20世纪80年代，当计算机变得越来越廉价和易得时，它们开始被各种各样的艺术家使用，包括那些以其他媒体为主要创作手段的艺术家。美国作家和自由策展人辛西娅·古德曼（Cynthia Goodman）在她的著作《数字视野：计算机和艺术》（Digital Visions: Computers and Art）中强调了本书已经提到的几位艺术家的作品，同时收录了大卫·霍克尼（David Hockney）、珍妮弗·巴特利特（Jennifer Bartlett）、基思·哈林和安迪·沃霍尔的作品，他们每个人都在艺术发展

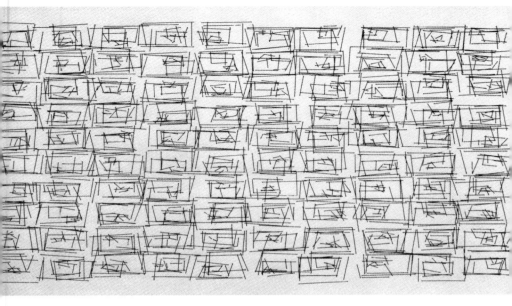

图 194 （对页下）**迈克尔·高姆尼茨**,《让-吕克·戈达尔肖像》(1986) 来自《速写、肖像和致敬》系列，1985—1989。

图 195 （上）**维拉·莫尔纳**,《跑酷（建筑环境模型）》[*Parcours (Maquette pour un environnement architectural)*]，1976。在极简艺术中经常出现的通过重复来唤起时间和姿势的技巧，也很容易在数字技术的帮助下获得。莫尔纳的作品看似重复，实际上包含着细微的变化，暗示着艺术家的手在工作。

中以某种方式使用了计算机。这并非表明任何新媒介都需要通过参考在其他媒体中已经成名的艺术家来验证。

20 世纪 80 年代，随着个人计算机的普及，基于计算机的艺术蓬勃发展，其中包括广泛的计算机图形、动画、数字化图像、控制论雕塑、激光表演、动态和电信活动以及各种需要观众/参与者参与的交互艺术。值得注意的是德国出生的创新者奥托·皮纳（b.1928）的编程灯光装置，以及美国艺术家诺曼·巴拉德（Norman Ballard, b.1950）和乔伊·伍尔克（Joy Wulke, b.1948）的户外激光艺术表演雕塑。

抽象在计算机艺术中仍然十分活跃。爱德华·扎杰茨（Edward Zajec）很像一位编舞家，创作了随着作曲家詹保罗·科拉尔（Giampaolo Coral）的配乐节奏展开的计算机图像。成果《色度》（*Chromas*, 1984—1987）是一组以蓝色为主的抽象图像，这些图像随着配乐的变化呈现曲线、点和圆。法国艺术家米格尔·舍瓦利耶（Miguel Chevalier）援引蒙德里安、沃霍尔和白南准的影响，创作了按顺序排列的图像，这些图像有时看起来像一个巨大电话布线系统的内部。他的《人体测量学》（*Anthropometry*, 1990）是一个复杂分层的线条混合色彩的系列作品，暗示着一幅数字宇宙地图。其他艺术家创作了一些可

图 196 （左）**威廉·莱瑟姆**，《形式的演化》，1990。
莱瑟姆是首批创作类似活体的"基因"生命形式的人之一，尽管其变异只发生在计算机内部。

图 197 （上）**诺曼·巴拉德和乔伊·伍尔克**，《时间/采石场日晷的可视化》（*Visualization of Time/Quarry Sundial*），1995。
在这场户外表演中，激光通过机械"编排"来与自然元素和雕塑进行交互。

被称为超真实的计算机图像，这些图像源自幻想或自然。威廉·莱瑟姆（William Latham）的《形式的演化》（*The Evolution of Form*, 1990）被他称为"计算机雕塑"，是一系列复杂的形式，类似混合贝壳。他受到超现实主义画家萨尔瓦多·达利（Salvador Dalí）和伊夫·唐吉（Yves Tanguy）的启发，寻找可以在计算机中操控、重塑（或"雕"，在虚拟雕塑中）的形式。

策展人和媒体史学家克里斯蒂安妮·保罗（Christiane Paul）在她的著作《数字艺术》（*Digital Art*, 2003）中区分了使用数字技术"作为一种工具创作传统的艺术物品——摄影、印刷、雕塑或音乐——的艺术，以及使用这些技术作为其自身媒介的艺术"。今天，由于大多数使用数字技术的艺术家都使用计算机，"计算机艺术"严格来说已经没有什么意义了。计算机

图 198 （右）**奥托·皮纳**,《奥运彩虹》(*Olympic Rainbow*),1972。
光线（包括激光）被计算机控制和操控，就像它曾是艺术家画在画布上的一样。

图 199 （下）**米格尔·舍瓦利耶**,《人体测量学》,1990。
在这幅计算机图像中，图形构成的线条暗示着全球计算机运行所需的无穷无尽的线路。

通常是艺术家和艺术家观念实现之间的中介，而非媒介本身。

交互艺术：互联网

在我们这个时代，技术的日新月异不言自明；应用技术的艺术也是如此。CD-ROM、DVD、电子游戏、电脑游戏、机器人以及许多先进的娱乐形式都需要用户或消费者的积极参与。交互，即需要观众参与才能完成的艺术，已经以一种新媒介的形式出现。这里的直接隐患是，这种交互可能会沦为单纯的消遣或娱乐。高科技活动或游戏虽然可能包含艺术成分，但并不是我们在此定义的艺术。交互作为艺术的价值在于其对多视角的探索，而不必担心非线性或非同寻常的感知模式带来的挑战。从这个意义上说，新媒介，如果我们可以这样称呼它的话，扩展了现代主义和后现代的议程，从根本上改变了艺术创作和体验的方式。

蒂莫西·德鲁克雷（Timothy Druckrey）在1999年的文章《论电信媒介的艺术创作史》（*On the History of Artistic Work with Telecommunications Media*）中，讨论了1985年在蓬皮杜中心举办的我们现在称之为"交互艺术"的原型。在一次名为"非物质"（Les Immateriaux）的展览中，几位著名的法国艺术家和知识分子[包括丹尼尔·布伦（Daniel Buren）、雅克·德里达（Jacques Derrida）、让-弗朗索瓦·利奥塔（Jean-François Lyotard）]通过计算机（当时还没有电子邮件）被连接起来，在自己的住所参与合作写作项目，这一过程可以在博物馆里的另一台计算机上被实时见证。德鲁克雷指出，这类艺术实践（还

图 200　**小约翰·F. 西蒙**，《每个图标》（*Every Icon*），1997。
历史上备受推崇的"网格"已成为多位计算机艺术家青睐的起点。西蒙将其作为一个经过计算的视觉花样没完没了更迭的发生之处。

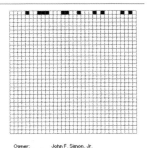

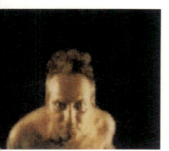

图201 （由上至下）**托尼·奥斯勒、康斯坦斯·德容和斯蒂芬·维迪埃罗**，《奇妙的祷告》(*Fantastic Prayers*)，1995。

包括电话音乐会、传真表演和卫星会议）之所以在很大程度上没有引起历史的注意，是因为"它们在完成后不会留下任何痕迹"。

专门为 Web 开发的艺术是最近才出现的现象，纽约的古根海姆博物馆因参与新媒体而闻名，它在 1998 年夏天就推出了第一个艺术家 Web 项目，即纽约艺术家郑淑丽（Shu Lea Cheang）的《布兰登》(*BRANDON*)，一个对性别和文化问题的探索。尽管其他机构，特别是奥地利林茨的电子艺术节（Ars Electronica）和德国卡尔斯鲁厄的艺术与媒体中心（The Center for Art and Media）自 20 世纪 90 年代中期起就在举办国际艺术节的同时呈现了 Web 项目，但我们应该记得，万维网（www）是 1989 年才推出的。它由英国计算机科学家蒂姆·伯纳斯-李（Timothy Berners-Lee）设计，最初的目的是帮助在欧洲粒子物理实验室（European Laboratory for Particle Physics）工作的物理学家进行国际交流。在此之前，只有参与军事项目的政府机构和研究型大学才使用类似的网络。

虽然互联网艺术家一直在走向成熟，但他们的图像通常在计算机之外被开发出来，然后通过扫描仪、数字视频或其他成像设备被输入计算机。然而，还有一些艺术家正在开发真正以计算机为媒介的作品，或是自己创作，或是接受博物馆和艺术中心的委托。其中最著名的是美国人小约翰·F. 西蒙（John F. Simon, Jr., 1963），他的《每个图标》(www.numeral.com/everyicon.html) 以一种似乎将"时间艺术"发挥到极致的观念方案直接处理计算机语言。他创建了一个 32×32 的方格，其中包含 1024 个小方格。这些小方格以无穷无尽的不同组合在明暗之间一行一行地不断变化。仅第一行就有 43 亿种变化，在一台连续运行的计算机上显示这些变化需要 16 个月时间。第二行需要 60 亿年，以此类推。从屏幕上看，西蒙的"艺术游戏"就像一个动态的约瑟夫·阿尔伯斯（Josef Albers）或艾格尼丝·马丁（Agnes Martin），他邀请观众观看网格的明暗变化，虽然这个游戏永远无法完成，但是它极大地推动了无限观念的视觉化。西蒙的《展开的物体》(*Unfolding Object*, 2002) 是一件交互计算机作品，它乍看之下像是一个彩色区域中的盒子。当用户点击物体内部和周围时，物体会改变形状和颜色。根据用户的操控进行新的打开或展开；每个小时颜色都在演化。该物体看起来确实是无限展开的（www.numeral.com）。

西蒙协助其他以观念为导向的艺术家珍妮·霍尔泽（Jenny Holzer）、劳伦斯·韦纳（Lawrence Weiner）以及科马尔与梅拉明（Komar and Melamid）团队设计他们在 Web 上的艺术。霍尔泽在《请改变信仰》（Please Change Beliefs，1998）中将一系列具有煽动性的言论放到线上。每个短语（"爱动物是一种替代行为""谋杀有其性的一面"）都可以被突出显示，然后将会出现另一个短语。每个屏幕页面的底部都写着"请改变信仰"。劳伦斯·韦纳与霍尔泽一样，在自己的其他媒体作品中也张贴了精炼的语句，这些语句也可以被突出显示，然后产生其他语句，意在说明他与"现实"和"梦幻景观"的接触。

科马尔与梅拉明这个生于俄国的团队创作了《最想要的画》（Most Wanted Paintings，1997），他们首先对来自许多不同国家的人进行了在线调查，询问他们在一幅画中喜欢看到什么，不

图 202 （从左上开始顺时针）**谢丽尔·多尼根**，《参观工作室》（*Studio Visit*），1997。
多尼根邀请网站访客走进她的工作室，在那里她与自己的手工工具进行了一次非同寻常的接触，相当于一次后现代数字"参观工作室"。

喜欢看到什么。根据这些人表达的喜好，艺术家创作了在网上展出的绘画。在这些 Web 上的每件作品中，都贯穿着一条有意平庸的线索。

纽约的迪亚中心（Dia Center）赞助了一个正在进行的 Web 艺术家委托项目。其第一件作品《奇妙的祷告》在 1995 年委托美国作家康斯坦斯·德容（Constance DeJong）、录像艺术家托尼·奥斯勒和音乐家斯蒂芬·维迪埃罗（Stephen Vitiello）合作完成，是一个由碎片化的文本、声音和图像组成的迷宫，以想象中的阿卡迪亚大陆为中心，其"居民并不知道位置和时间"，直至一个神秘的声音入侵了他们的宁静。一进入这个看似无穷无尽的网站（www.diacenter.org），人们就会发现一个连接的迷宫，从奥斯勒非具身的嘴巴吐出的短语（"其中一些我喜欢"）到关于《西藏度亡经》(*Tibetan Book of the Dead*) 的小册子，所有这些只需点击鼠标即可访问。在反复点击之后，那些起点似乎永远消失了，因为自由联想取代了任何线性叙事的感觉。

同一网站还有美国录像艺术家谢丽尔·多尼根的《参观工作室》，这是一个由观念、Web 绘画、视频和图形展示组成的虚拟工作室。多尼根在这里捕获了与她的单通道视频相同的巧妙的游戏性。在这件作品中，艺术家头戴浴帽，浑身缠满录像带，将自己置于巨大的原色漩涡中。当游客不断点击时，图像会相互穿插（不会像电影那样相互"变形"）。艺术家的工作室也是艾伦·鲁佩斯伯格（Allen Ruppersberg）的《新的五英尺书架》(*The New Five Foot Shelf*, 2004) 的主题，这是一套过分复杂的藏书，以 50 卷本哈佛经典世界学术丛书为基础，但是经过了艺术家的个性化设计。该网站（www.diacenter.org）的访问者可以打开书籍，还可以进行一次艺术家工作室墙壁的图片之旅。

幽默在许多网络艺术项目中都发挥着重要作用。对数据、文本、短语和图像的巧妙操控往往有助于对政治、艺术和各种可以想象到的主题进行讽刺评论。www.obsolete.com/artwork 上的这样一件作品对瓦尔特·本雅明关于机械时代艺术的文章的广泛使用做出了反应。该网站标题为《瓦尔特·本雅明：机械复制时代的艺术作品》(1998)，由在屏幕上快速闪烁的单词和数值组成，以至于观众无法阅读。创作该作品的一位或多位匿名艺术家在计算机屏幕下方添加了以下解释性说明:"这是为不懂原文的读者翻译的吗?"他们显然认为,自本雅明起,可复制性的速度大大加快,即使是他的话,被复制出来也没有什么意义。

名为®TMark 的小组于 1993 年在美国成立,是一个行动主义、基于网络的集体,以大公司为目标。据该小组的一位创始称,该小组"通过向特定项目的工人输送来自投资者的资金,支持对企业产品,从玩偶和儿童学习工具到电子动作游戏,进行破坏(信息修改)"。他们自诩为"严肃的恶作剧者"。其网站的访问者可以为某项活动申请赞助,这些活动通常具有颠覆性,但是不会对身体造成危险。他们最著名(也是最臭名昭著)的项目之一涉及互联网玩具制造商 eToys 和艺术小组 "etoy"。在 rtmark.com 上描述的这个大卫与歌利亚的故事中,数百位支持者通过®TMark 的在线努力,团结起来支持 etoy。

有人可能要问,为什么这被认为是艺术?®TMark 和电子干扰剧场(Electronic Disturbance Theater)等小组的行动让人想起了 20 世纪 60 和 70 年代的激浪派艺术家、情境主义者、维也纳行动主义者以及众多个人和小组的艺术和政治抗议活动。对这些从业者来说,艺术通常可采用"介入"的形式。这些行动的艺术性可能只是基于相关艺术家宣称如此。虽然质疑这些行动不属于艺术范畴是可以理解的,但毋庸置疑的是,自 20 世纪 60 年代中期起,艺术已经出现了新的定义。艺术的新面貌包括行为艺术和极简主义、观念主义、大地艺术和其他艺术家关注

图 203 ®TMark,《玩具战争 - 时代插图》(Toywar-era Illustration),1999。
®TMark 是一个艺术家集体,他们创作了复杂而幽默的介入、Web 项目、媒体事件和其他基于政治的作品,直接针对他们认为的全球资本主义的弊端。
在他们的网站上,他们邀请参与者投资他们认为能够带来积极社会变革的项目。

图 204 （下）马特·穆利肯，图像来自为"第十届文献展"(documenta x)制作的网站作品《最多 625》(Up to 625)，1998。

图 205 （对页）杰克·蒂尔森，《炊具》(The Cooker) 网站的部分截屏，1994—1999。
(http://www.thecooker.com)。

蒂尔森过去曾在其作品中使用各种发现物，他将这种敏感性带到了计算机上，将来自其世界旅行中的图像结合起来，为其网站访问者提供了交互体验。例如，访问者可以在全球多家餐厅"预定"早餐，坐在计算机前就能听到餐厅里的声音。

的多种表现形式。

美国行动主义者和艺术家马克·纳皮尔 (Mark Napier, b.1961) 的作品或许有助于人们欣赏互联网艺术中艺术想象力的活力，他的一些参与是匿名的。他的网站 www.potatoland.com 有《碎纸机》(the shredder) 和《数字垃圾填埋场》(digital landfill) 等程序，对网络生活进行了令人恼火的聪明解构。访问该网站的用户在天真地浏览纳皮尔恶作剧的环境时，会体验到图像和数据的解体。

美国艺术家马特·穆利肯 (Matt Mullican, b.1951) 的演化网站 www.centreimage.ch/mullican 像艺术一样易于访问，该网站的特点是他所说的"象形符号"，即随着访问者点击而变形和复杂化的彩色计算机绘画。英国艺术家杰克·蒂尔森 (Jake Tilson) 长期以来一直对艺术制作和复制的技术面向十分着迷，用 Web 来应对随机性和碎片化的图像负荷。他的网站（www.thecooker.com）是始于 1994 年的一个持续性项目，包含了九个不同的 Web 艺术项目中令人眼花缭乱的游戏性联想。《宏餐》(Macro Meal, 1994) 让访问者可以在全球各地"预定"数十个国家的早餐、午餐和晚餐，并配有典型餐厅的视频图像和餐厅里可能听到的声音。

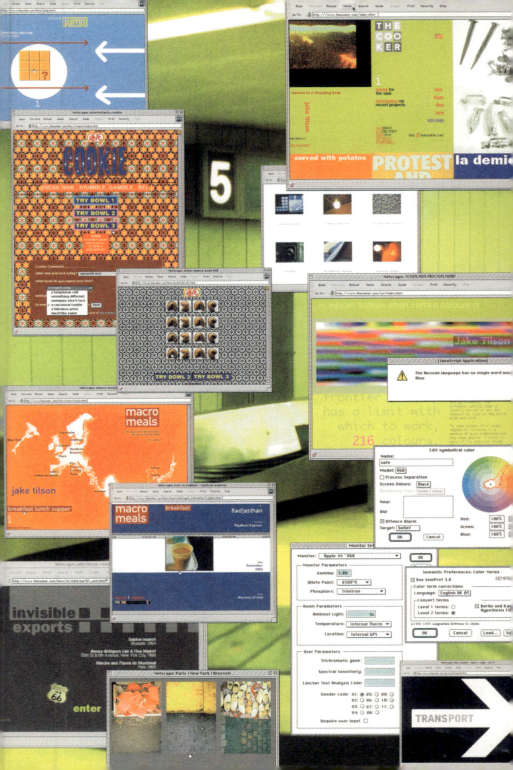

显然，平面设计在 Web 艺术发展中扮演着不可或缺的角色。计算机图形艺术家模糊了艺术和手工艺之间的边界，他们擅长字体设计、排版和多维成像，协助来自其他媒体的视觉艺术家适应计算机。美国艺术家彼得·哈雷（Peter Halley, b.1953）的项目《爆炸细胞》（*Exploding Cell*, 1997，归档为 www.moma.org）由九个方格组成，"爆炸"时呈现出像万花筒一样的色彩。

正如人们经常注意到的那样，阅读已重新成为交互艺术体验不可或缺的部分。至少此刻，计算机和互联网依赖文字，需要阅读技能，而流行的视觉媒体，尤其是电视，则不需要阅读技能。德国艺术家弗兰克·菲策克（Frank Fietzek）在他的《黑板》（*The Blackboard*, 1993）中探讨了学习阅读的模糊性。菲策克在黑板的导轨上放置了一个监视器。当文字出现在监视器上时，观众可以在黑板表面移动监视器。评论家和策展人鲁道夫·弗里林（Rudolf Frieling）认为，文字消失在视频的黑暗空间中，对观众而言，这就好比"孤独的读者在互联网上冲浪时的非物质性"。"我们是在阅读，"他问道，"还是在观看那些还没来得及理解其潜在含义就已出现和消失的图像？我们的眼睛在不断扫描周围的世界，寻找隐藏的信息和线索，以更好地理解其混沌的表面。"弗里林以存在主义的视角看待与互联网包括在互联网上看到的艺术的交互体验，探讨了交互彻底的无常。一旦启动，实际上机器就会强迫遵守其结构性需求"持续运转"。有了交互 Web 屏幕，就无法保持静止。一旦 Web 运营商认为用户太久没有活动，就会将其直接关闭。屏幕上的一切都消失在未知的黑暗中。要避免被迫关闭，唯一的办法就是持续点击更多的超链接，冒着忘记从哪里开始的风险。

现场表演也是在 Web 上进行的，在 Web 上，空间和时间不受地理距离的阻隔。在 1997 年奥地利林茨电子艺术节期间，来自加拿大、澳大利亚、夏威夷、奥地利、德国和阿根廷的一批艺术家参加了一个奥德赛的升级版《没有人》（*Oudeis*）的演出。通过 Web 连接，每个国家的表演者都为整体展示的各个面向做出了贡献。由玛莎·威尔逊（Martha Wilson）创办的纽约富兰克林熔炉（Franklin Furnace）几十年来一直是实验表演的场所，它在 1997 年关闭大门，将自身改造成为一个虚拟表演场所，只在 Web 上的特定时间展示新形式的表演。

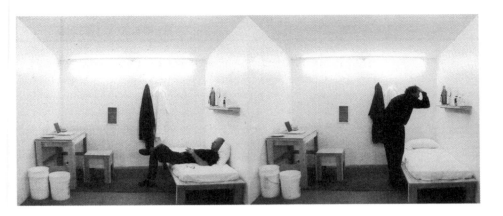

图206 **MTAA**,《1年表演视频》(1 Year Performance Video), 2004。

自称为 MTAA 的两位美国艺术家拍摄了一场滑稽表演,呈现了谢德庆 1978 年将自己"囚禁"在一个房间里为期一年的表演。MTAA(www.mteww.com)在两个相互匹配的房间(明显的舞台置景,配有简单的木床和桌子)里拍摄。他们也在进行日常工作,但与谢德庆不同的是,他们是在看似直播的摄像机前工作并邀请观众观看他们工作,为期一年。如果有人愿意,可以观看他们一年,这要归功于剪辑魔法。艺术家的实际表演时间并没有那么长;他们只拍摄了几个小时的视频,然后无缝倍增这些片段,将观看时间延长到 31536000 秒。凯文·麦考伊(Kevin McCoy, b.1967)和詹妮弗·麦考伊(Jennifer McCoy, b.1968)创作了他们自己的媒体表演类型,他们将 20 世纪 80 年代的电视剧《警界双雄》(Starsky and Hutch)中的每一个场景进行数字编目,使其可用于他们的装置《一镜一集》(Every Shot, Every Episode, 2001)中的一系列计算机屏幕上。观众可以选择速射重播整个表演。这件作品部分恋物、部分解构,既有趣又可怕,模仿了商业电视的消费本性。

互联网艺术的另一种主要材料是数据库,也就是列夫·马诺维奇可能会说的"信息作为美学"。包括 W. 布拉德福德·佩利(W. Bradford Paley)和又名 JODI 的互联网先驱琼·海姆斯科克(Joan Hemskeerk)、德克·佩斯曼斯(Dirk Paesmans)和武克·科西克(Vuk Cosic)在内的众多艺术家都使用过导入数据和内部计算机数据,效果往往令人眼花缭乱。在他们的艺术作品中,时间是一种主要材料:时间被压缩、拉长、扭曲、操控。例如,佩利的《文弧》(TextArc, 2002, www.textarc.com)

将《爱丽丝梦游仙境》(Alice in Wonderland) 的全文放在一个设计得看似一个新星系图的网站的一页中。

需要重申的是，互联网艺术虽然已经变得多种多样、错综复杂，但是就像万维网本身一样，仍然处于其早期阶段。本书撰写之际，整个艺术界对网络艺术的未来几乎没有采取任何鼓励措施。最早培育这种年轻艺术形式的在线艺术服务之一——"äda web"已经停业，其档案被捐赠给了明尼阿波利斯的沃克艺术中心，而该中心也于 2003 年放弃了其网络艺术倡议。录像艺术可能会被视为有一个类似的、开始/停止的起点，但是实际上，早期录像艺术家被博物馆和画廊接受的人数要比网络艺术家多得多。这主要因为理查德·塞拉、维托·阿肯锡和布鲁斯·瑙曼等以其他创作实践著称的艺术家也将录像作为其艺术的延伸，而且，就阿肯锡和瑙曼而言，他们广泛使用了录像。尽管如此，录像艺术还是用了大约 20 年（1965—1985）才在国际展览中获得了较高的能见度。

网络艺术有一个截然不同的发展轨迹，它与技术史上最民主、最广义的发明之一——互联网息息相关。尽管人们可以（也应该）对上网者与因经济限制而无法上网者之间的差异大做文章，但至少到目前为止，网络本身是一个异常开放和流动的事业。这对大众来说也许是件好事；但对网络艺术的市场化来说，却不是件好事。在由画廊、收藏家和博物馆组成的相互关联的艺术系统中，可以自由获取的艺术不是理想的艺术。网络艺术正在制定自己的流通和名望体系。许多艺术家（约翰·F. 西蒙和 W. 布拉德福德·佩利就在其中）在自己的网站上销售他们的网络艺术作品。对其他人来说，画廊和博物馆被认为是网前史时代的前哨，无论如何都不是他们的目标。

交互艺术：装置和电影

Web 的"点击"和"冲浪"活动的确依托了计算机技术的交互形式，除此之外，一些当代艺术家创作了真正具有参与性的作品，这些作品往往规模巨大。"交互"的条目进入艺术领域，使得评论家（以及词典编纂者）开始修正他们对欣赏此类艺术的人的称呼：博物馆参观者或观众变成了参与者、玩家和用户。杜尚关于观众完成艺术作品的论断被赋予了一个新的、

图 207　**马塞尔·杜尚**，《旋转玻璃片 [精密光学 (在运转中)]》[Rotary Glass Plates (Precision Optics)]，1920。杜尚的旋转装置是一个"交互艺术"的早期例子。观众成为艺术的积极参与者。

更加积极的含义。在这个竞技场，没有公众就没有艺术。邵志飞（Jeffrey Shaw）和彼得·韦贝尔于 2002 年在卡尔斯鲁厄的 ZKM 艺术与媒体中心组织了迄今为止对这种新艺术最全面的调查。"未来电影：胶片之后的电影想象"（Future Cinema: The Cinematic Imaginary after Film）是一次对交互数字艺术主要作品的广泛概述。

自 20 世纪起，当代艺术正典中就有几个观众参与机器的例子——1920 年杜尚与曼·雷合作的《旋转玻璃片（精密光学）》就要求观众打开光学机器并站在一米之外。激浪派活动和 20 世纪 60 年代的偶发艺术都要求观众参与，但新的交互艺术不像卡普罗的《6 个部分的 18 个偶发艺术》（Eighteen Happenings in 6 Parts, 1959）那样由艺术家控制，后者对参与者有严格的指令。交互艺术家，像美国人肯·费恩戈尔德、佩里·霍伯曼（Perry Hoberman）、林恩·赫什曼-利森（Lynn Hershman-Leeson）、卡尔·西姆斯（Karl Sims）、邵志飞、格雷厄姆·温布伦，日本人藤幡正树（Masaki Fujihata），德国人贝恩德·林德曼（Bernd Lintermann）和托森·贝尔纳（Torsten Belschner），仅举几例，都积极鼓励观众在交互作品中创建自己的叙事或联想。其实，他们在设计时就考虑到了这一目的。当然，供选择的内容目前仍然掌握在艺术家手中，但参与者对这些内容的处理却是千变万化的。激浪派事件 [例如，盐见允枝子的《镜子》（Mirror, 1963）要求表演者"站在沙滩上，背对着大海。将一面镜子放在你面前并看着它。回到海边并进入水中"。] 的观念严格性（以及游戏性，如果有的话）被大量的可能性取代，这些可能性只受参与者参与作品的时间限制。至关重要的是，交互为那些试图对其进行评估的人带来了一个新的任务。蒂莫西·德鲁克雷直截了当地指出："如果图像要想变得越来越具有体验性，那么就必须发展出一种再现理论来解释参与引发的交易。"

美国艺术家比尔·西曼（Bill Seaman）和波兰艺术家塔玛斯·瓦利茨基（Tamas Waliezky）的作品都体现了再现的问题。西曼试图在他的作品中创建与三联画等艺术史形式的技术联系，为观众 / 参与者创建类似欣赏绘画的诗意体验，但是以一种交互的方式。《通道集 / 嘴边一个拉动枢轴》（Passage Sets/One Pulls Pivots at the Tip of the Tongue, 1995）是一个交互装置，以

图 208 　**比尔·西曼**，三幅截屏来自《通道集／嘴边一个拉动枢轴》，1995。在这个交互装置中，参观者按下"热点"，即屏幕上突出显示的区域，就能在一个碎片化图像和文本的不断展开中调出更多图像。

图 209　林恩·赫什曼-利森,《一个人的房间：幕后花絮》(Room of One's Own: Slightly Behind the Scenes), 1990—1993。

对赫什曼-利森来说，数字技术"是当下的景观。数字技巧进一步增强了经过操控的图像的可信度，即使这些图像是怪异且毫无疑问不真实的"。

三联画的形式呈现，其中三个投影允许观众按下"热点"或突出显示的文本，由此产生更多文本和图像，最终形成一首空间诗，用西曼的话说，反映了心理空间的分层或碰撞。西曼的装置并非简单地随意分层图像，而是让人们按照顺序阅读，就像观赏一幅画或阅读一首诗一样。瓦利茨基在 1994 年的装置作品《路》(The Way) 中玩了一把透视。当观众靠近一个放置在长廊尽头的投影屏幕时，屏幕上的图像会被观众的运动推动后退，因此颠覆了正常的透视体验。

　　交互还为关注社会问题的艺术家提供了以更高超的手段来让观众参与其中的机会。美国艺术家保罗·加林（Paul Garrin）的作品《白色恶魔》(White Devil, 1993) 将观众置于一个想象的"街区"中。当观众穿过画廊空间时，监控摄像头会跟踪他们的一举一动，恶犬会出现在视频监视器上，把他们吓跑。林恩·赫什曼-利森的项目《洛娜》(Lorna, 1979—1983) 是第一张交互影碟，她创作的交互艺术作品以非常直接的方式探讨了女性主义的问题。在《一个人的房间：幕后花絮》中，她创建了一个"窥视秀"，在这个"窥视秀"中，观看她的立式装置

图210 **肯·费恩戈尔德**,《童年／热战与冷战(自然的表象)》,1993。费因戈尔德将观众视为参与者。在这个交互装置中,观众通过触摸桌子上的地球仪,可以引发大量代表20世纪50年代和60年代文化的图像从钟内投影出来。

的行为本身就会引发一系列与媒体对女性的描述(通常是色情的)有关的图像。观众变成了"偷窥者",他或她的凝视激活了存储在影碟中的与床、电话或衣服有关的图像。

在美国艺术家肯·费恩戈尔德的交互装置《童年／热战 210 与冷战(自然的表象)》[Childhood/Hot and Cold Wars (The Appearance of Nature), 1993] 中,一个地球仪被摆放在福米卡贴面桌子上,桌子贯穿着一台老爷钟。然而,钟面也是一个屏幕,当观众旋转地球仪时,视频图像就会从钟内投影出来。同一观众可以控制图像流(数百幅图像,从平淡无奇到令人毛骨

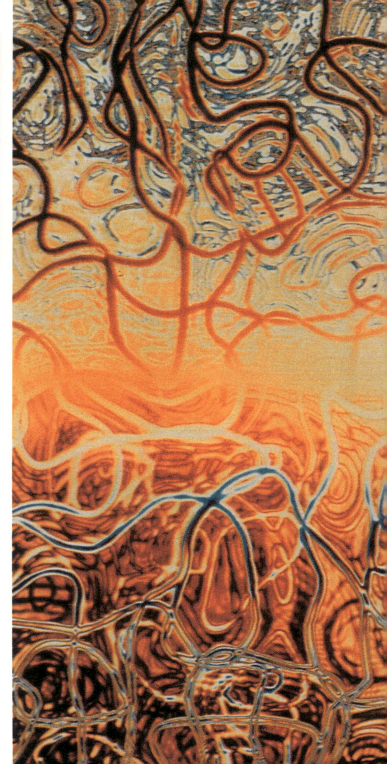

图 211 （上）**卡尔·西姆斯**,《加拉帕戈斯》(Galápagos)，1995。受达尔文自然选择理论的启发，西姆斯创建了一个系统，由此"遗传"有机体似乎在计算机中其自身的环境里发展。观众从简单图片的显示中选择一幅，然后颜色、纹理、形状和其他参数会发生随机改变，因此产生另一"代"生物。

图 212 （右）**卡尔·西姆斯**,《基因图像》(Genetic Images)，1993。

悚然,均来自 20 世纪 50 年代和 60 年代的电视图像)。用费恩戈尔德的话说:"观众 - 参与者与作品的电路和计算机程序交互,控制一个视频光盘播放器的速度和方向、钟指针的运动以及数字化音频的播放"。

从这些依赖预先录制视频片段的例子中可以明显看出,视频装置已经变成了动态的,减少了艺术家与观众之间的分离程度。然而,作者身份没有消失。艺术家现在已经成了一位艺术体验的促进者,交互艺术作品在某种意义上成了一种教育的延伸,一种创造性学习的上手类型。

然而,有些艺术家坚持挑战作者身份。卡尔·西姆斯是麻省理工学院生物技术专业的毕业生,多年来致力于开发一种让人想起达尔文的自然选择理论的基于计算机的图形艺术。

在巴黎的蓬皮杜中心首次展出的《基因图像》和东京的国际交流中心永久展出的《加拉帕戈斯》这两件复杂的交互装置中,西姆斯让观众自己创造"人工生命形式",这些人工生命形式在计算机中"生长",快速模拟达尔文原理。在《加拉帕戈斯》中,12 台监视器围成一个半圆,每台监视器上都可以看到一个计算机生成的三维"生物",每台监视器都有一个脚垫。观众选择一台监视器,踩下脚垫,其他屏幕就会变成空白。所选生物的随机变异出现在监视器上并不断转化为新一代基因图像。

巴西艺术家爱德华多·卡茨(Eduardo Kac, b.1962)数年来一直在创作与自然和未来(机器人)世界相关的数字作品,比如《时间胶囊》(Time Capsule, 1997),该项目利用了微芯片植入、电视直播、Web 直播和植入交互远程机器人 Web 扫描等技术。《比夜更黑》(Darker Than Night, 1999)涉及人类、机器人和蝙蝠,故事发生在鹿特丹的一个蝙蝠洞中。在《乌拉普鲁》(Uirapuru, 1996—1999)中,卡茨制造了一条"飞鱼",连有音频和视频,可以在 Web 上传输现场片段。当人们与 Web 上的图像交互时,悬挂在东京的画廊里的鱼就会开始现场"歌唱"。

使用原创意象而非挪用意象的交互电影非常复杂而且成本高昂。其主要实践者是美国艺术家托尼·德芙(Toni Dove)和格雷厄姆·温布伦。在这两位艺术家的电影中,故事只有在观众的参与下才能进行。在德芙的《莎莉或泡沫破灭》(Sally

图 213 **格雷厄姆·温布伦**,三幅静帧来自《奏鸣曲》(*Sonata*),1991/1993。观众通过随时指向屏幕可以重构奏鸣曲的叙事,看到同一情境的替代视角。对温布伦来说,这是一种新的电影形式,一种需要"观众与电影制作人之间每时每刻都在合作"的交互电影。

图214 （上）**珍妮特·卡迪夫**（Janet Cardiff）和**乔治·布雷斯·米勒**（George Bures Miller），《柏林档案》（*The Berlin Files*），2003。
珍妮特·卡迪夫和乔治·布雷斯·米勒是录像和声音艺术家，他们的作品就像之前布鲁斯·瑙曼和迈克尔·斯诺的作品一样，挑战着常见的视听感知。对声音的高度关注让观众感觉沉浸在他们的装置中。《柏林档案》是一个视频场景的非线性蒙太奇，与环绕声一起呈现，暗示着神秘和恐惧。

or the Bubble Burst, 2002）中，观众 / 参与者会遇到幽灵域（Spectropia），一个早期装置的主题。2099 年，没有任何历史记录；历史记录已被禁止。幽灵域进入了一个三维世界，在这个世界中，她可以进入以前的时代。在这里，她发现自己正处于 20 世纪 30 年代的大萧条时期。观众现在可以与当时的人物舞蹈家莎莉·里德（Sally Reed）交互，后者著名的"泡泡舞"可以被观众重新编排。

同为作家和理论家的温布伦在 1995 年的文章《又一次走进故事之海》（*Ancther Dip into the Ocean of Streams of Story*）中说："当我们讲述关于自我的故事时，我们会压缩、摘录、排除和重组。如果说交互电影更忠实现实，那正是因为它可以绕过……叙事结构的标准。"在《魔王》（*The Erl King*, 1983—1985）、《奏鸣曲》、《框架》（*Frames*, 1999）和《通道》（*Tunnel*, 2000）等作品中，温布伦和他的合作者展示了一些装置，观众的运动会触发预先拍摄的片段，这些片段会构成一个运动影像拼贴。

温布伦之所以重要，不仅因为他对日常生活中的非线性现实有着敏锐的洞察力（至少从柏格森开始，先锋派就一直尊崇这一观念），而且因为他能用自己作为电影摄影师的卓越天赋将这一观念表达得淋漓尽致。温布伦的作品之所以有价值，是因为他能很好地驾驭摄影机。必须强调这一点，是因为交互只是一种基于拍摄的图像、指示、程序、图表等的设备。虽然通

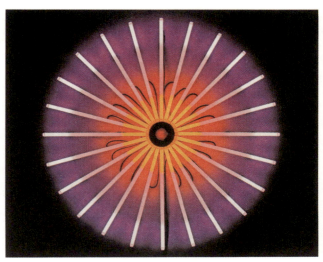

图215 （对页下）列奥·维拉雷亚尔（Leo Villareal），《太阳出来了》（Here Comes the Sun），2004。
列奥·维拉雷亚尔是一位"灯光"艺术家，他使用发光二极管（LED）来创作令人着迷的雕塑，这些作品在参考丹·弗莱文和詹姆斯·特瑞尔（James Turrell）的同时，也是独一无二的计算艺术作品。在这些装置中，包含基本颜色的LED通过艺术家设计的数字编码系统被操控，因此实现了数百万种颜色组合的变化。

图216 （上）冯梦波，《Q3D》，2004。
《Q3D》是一个与互联网连接的交互装置，如果艺术家在场，可以包括一个艺术家的实时表演。冯梦波挪用了流行的FP（第一人称射击）电子游戏《雷神之锤 Ⅲ 竞技场》（Quake Ⅲ Arena）中的暴力叙事，但是自己扮演了所有角色。

过设备可以追踪从20世纪60年代末和70年代的手持录像机到今天的数字技术，但是艺术的进步仍然取决于艺术家个人的天赋和手艺。

《奏鸣曲》（1991—1993）是一个迷宫实验，观众可以通过触摸监视器上的红外线传感器来探索层层叠叠的拍摄图像，这些图像将托尔斯泰短篇小说 [《克勒采奏鸣曲》（The Kreutzer Sonata）] 中的人物、弗洛伊德的心理案例研究 [《狼人》（Wolf Man）]，以及从15世纪至今的绘画中描绘的尤滴与荷罗孚尼的《圣经》故事交织在一起。当一个故事正在上演时，观众可以回看任何其他故事，因此创建一种叙事。观众坐在一个开放的钢制立方体中，只有一个监视器和一个放置机器的大型钢制容器，用温布伦的话说，观众参与了"与电影制作人每时每刻的合作……这使得从不同视角描绘同一事件成为可能"。

虽然交互电影似乎预示着一种新的"观影"体验（对艺术爱好者和普通电影观众而言），但它是一种参照电影的做法，实际上是以电影为基础并由电影构成的。但是，无摄影机、无屏幕的图像体验又如何呢？比如，马克·纳皮尔的《等候室》(The Waiting Room, 2002) 中计算机生成的虚拟现实,或来自人脑的合成图像 [BIOS 团队的《双向输入/输出系统》(Bidirectional Input/Output System, 2002)],仅举几例,都不涉及运动或静止的摄影机。虚拟现实不是电影。目前,其内容可能依赖摄影,但是从根本上说,它开启了人类感知的另一个层次,对艺术和生活产生了深远的影响。

虚拟现实

在虚拟现实(VR)中,观看一个屏幕的静被动的面向已经被完全沉浸在一个其现实与自己的现实同时存在的世界中的面向取代。在某种意义上说,人们在一台计算机上看到的一切都是"虚拟"宇宙的一部分。图像和文本只存在于一个随着电源开关出现和消失的有线世界中。"虚拟现实"一词指的是一种三维体验,在这种体验中,"用户"借助头戴式显示器、数据手套或连体衣(内含光纤电缆),体验一个似乎会对用户的运动做出反应的模拟世界。

德国卡尔斯鲁厄艺术与媒体中心的生于澳大利亚的邵志飞在他的交互装置《易读城市》(The Legible City,自 1990 年起一直持续进行)中,使用计算机图形 3D 动画系统暗示了虚拟现实系统可能是什么样的。三块大型投影屏幕中间放着一辆自行车,随着观众踩动脚踏板,他或她就可以骑行穿过一个虚拟再造的曼哈顿、阿姆斯特丹或卡尔斯鲁厄。街道、墙角、标志、建筑、文字,所有这些巨大而多维的东西都会随着脚踏板运动的速度出现和消散。《易读城市》只是一个虚拟现实中即将发生的事情的预告。目前,这种体验是基于预先录制的视频图像,由非常强大的计算机驱动,但是在未来,虚拟交互将实时发生,因为人们从小就熟悉"虚拟"空间,他们使用虚拟现实"工具"就像我们现在打开电视机或使用电话一样方便。

虽然目前 VR 中最引人注目的突破发生在医疗技术领域(虚拟手术,由异地医生"实施"手术),而 VR 在艺术领域的渗透则进展缓慢,这主要是由于涉及的成本太高。但是,请记住,互联网上的虚拟现实每天都在成倍增长。随着越来越多的人在线(例如在聊天室)发明新的、越来越奇幻的替代人格,"虚拟"实际上正在与所谓的现实融合。

丹·桑丁，与托马斯·德房蒂（Thomas DeFanti）同为伊利诺伊大学芝加哥分校电子可视化实验室的联合主任，他自20世纪70年代初起就一直在开发视频计算机工具 [他的模拟图像处理器（Analogue Image Processor）就是一个著名的例子]。正是在这所大学里，桑丁、德房蒂和卡罗莱纳·克鲁兹-内拉（Carolina Cruz-Neira）于20世纪80年代末开始创建《洞穴》（The Cave）。《洞穴》是一个三米见方的立方体房间，于1992年首次展出，是一个由立体计算机图形组成的虚拟环境，可以对"用户"的行动做出交互反应，"用户"配有立体眼镜，可以看到"洞穴"中的其他"玩伴"（桑丁语）。当用户操控一根"魔杖"（一种3D鼠标）时，空间的所有墙壁上都会实时投出每秒30幅图像的立体投影。这种完全的沉浸让用户仿佛置身一个全新创造的时空之中。在"洞穴"中，所有透视都是从用户的视角计算、通过立体眼镜中介的。桑丁的项目催生了一个名为 CAVERN 的研究网络，该网络支持 VR 设计和培训的合作。

莫里斯·贝纳永（Maurice Benayoun）的《So. So. So. 某人，某地，某时》（So. So. So. Somebody, Somewhere, Sometime, 2002）是一个沉浸装置，用户带着 VR 双目镜进入一个全景球体环境，球体上显示着人们在特定时间（上午 7:47）从事各种活

图217 黛安·格罗玛拉，《与虚拟托钵僧跳舞：虚拟身体》（Dancing with the Virtual Dervish: Virtual Bodies），1996。
在这个虚拟现实实验中，用户仿佛进入了真实的人体器官，比如心脏或胃。建筑和文化评论家保罗·维利里奥警告说："虚拟现实变得比现实更强大的那一天，将是大意外发生的那一天。人类从未经历过如此非同寻常的意外。"

图 218 **邵志飞**,《易读城市》,1989—1991。

在这件交互作品中,参观者可以骑着一辆固定的自行车,穿过一个城市的模拟再现,该城市由计算机生成的三维字母构成,这些字母沿着街道两侧组成单词和句子。

动的图像。当用户专注于一个元素(一个人、一个物)时,不同的场景就会展开,在某种意义上说,用户基于预先存在的现实创造了一个新的现实。

苹果电脑公司前艺术总监黛安·格罗玛拉(Diane Gromala)创作了《与虚拟托钵僧跳舞:虚拟身体》,一个她在 20 世纪 90 年代初开始开发的 VR 环境,这反映了她对"身体"的兴趣,这种兴趣在过去五十年的艺术中非常普遍。格罗玛拉与一位编舞家和一位计算机科学家合作,从自己身体的基于计算机的可视化出发构建了该环境,她对其进行了操控并制作了动画,以象征性地再现持续的衰败和重塑。正如她所描述的:

该虚拟身体被文本覆盖,是对痛苦、爱欲和死亡欲的冥想。每个器官都包含了另一个超现实的虚拟世界。

用户戴上头戴式立体视频显示器,会感觉沉浸在身体中,并与之交互。这种交互包括"触摸"文本,文本会随之改变,或"飞"进一个器官——比如心脏——以找到另一个超现实的世界。三维声音帮助用户在超现实的虚拟空间中定位自己。

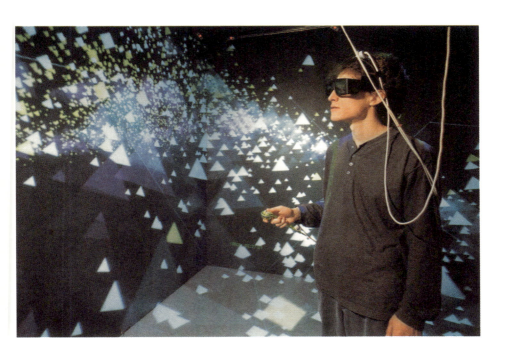

图219 丹·桑丁,《洞穴》,"虚拟现实剧场"[原型:伊利诺伊大学芝加哥分校电子可视化实验室,1991年;公开展示:芝加哥SIGGRAPH º2(计算机图形学年会92),1992年]。
通过黑暗的立体眼镜进入虚拟现实,用户仿佛置身一个完全不同的宇宙。对于保罗·维利里奥来说,"我们正在进入一个并非一个而是两个现实的世界:真实的和虚拟的"。

由于大多数VR环境都是在大学和其他研究中心被创建出来的,因此往往具有教育或应用的特色。随着艺术家越来越容易获得这些设备,其内容可能会被塑造得更倾向艺术的目的。

数字艺术(尤其是在声音和音乐中,还有用复制机器制作的3D雕塑)的例子还有很多。无论博物馆或画廊等传统艺术场所何时或是否接受交互式数字艺术的无形在场,艺术体验(更不用说艺术创作)中已经发生了无可辩驳的改变。交互是一种新的视觉体验形式。事实上,这是一种从视觉延伸到触觉的新的艺术体验形式。观众是这种艺术不可或缺的积极参与者。他们不再仅是观众,现在已经成为用户。我们已经从《蒙娜丽莎》的被动观看一路走来,走了很长的路,例如,该画挂在防弹护板后面,只能被从远处观看。随着越来越多的好艺术家转向数字世界(他们会的,因为谁能抗拒自己的作品无须等待画廊和博物馆系统的"批准",只需点击一个鼠标就能被数百万人看到呢?),艺术的意义、美学的意义、艺术家之于经销商和机构关系的意义,甚至艺术家与任何类型市场关系的意义都将发生重新配置。我们在这里以数字艺术和虚拟现实结束,因为它们是我们当下世界最新的艺术表现形式，在某种程度上也是最陌生的艺术表现形式。这些用于艺术的技术可能会像19世纪的暗箱或立体镜一样昙花一现。数字未来是我们目前无法描述的。我们不禁要问，在数字和虚拟之外还有什么？在21世纪末，我们将如何称呼"新媒体"？

澳大利亚媒体策展人和理论家罗斯·吉布森（Ross Gibson）在2002年的文章《总有一天，时代将至……》（*The Time Will Come When...*）中指出，未来的艺术家"不会像制造体验那样制造物品——他们将为我们提供强烈的'运动'，让我们沉浸在（或者也许超越）客观世界……人们将参与这种新艺术，以使自己成为与众不同的人"。人们猜测，娱乐也将采取这种形式，提供替代现实的体验，用以取代今天的惊险游乐设施和IMAX电影。艺术需要做些别的事情。艺术需要做它一直在做的事情：邀请我们超越、改造和改变我们居住世界的方式。

在本书概述新媒体之初，我们简要回顾了布拉克和毕加索在画布上进行的丰富实验；马雷和迈布里奇的摄影创新；以及马塞尔·杜尚的激进观念姿态。杜尚的两位朋友吉安弗兰科·巴鲁切洛（Gianfranco Baruchello）和亨利·马丁（Henry Martin）在他去世之后写道，

他一直在想方设法让事物充满一种绝对意义过高的氛围，毕竟，这才是现代艺术的真谛。你可以随意取用任何东西，然后赋予它你所能赋予它的一切意义，一切它可能有的完全个人的、完全任意的意义，一切它可以有的神秘的、一切费解的意义。

这是杜尚要教给我们的最基本的一课。

对一些人来说，这意味着艺术之死；而对另一些人来说，这预示着广阔的开端。

随着五十多年前艺术和技术的进步，在各种当代艺术形式中无处不在的杜尚式革命实现了一些历史的终结。数字艺术的出现，一种如此超越物质性以至于关于"物品"的讨论，更不用说关于画布的讨论，似乎过时得无药可救的艺术，开创了一个新时代，在这个时代里，传统的艺术史术语，甚至杜尚的术

语,以及评估方法都不再适用。无空间、无时间、无图像的体验已经进入了艺术领域。交互和沉浸的艺术环境,更不用说这些虚拟现实之外的东西,正在主导着一种新的话语。

约翰·伯格(John Berger)在《看》(*About Looking*, 1980)中问道:"在照相机发明之前,什么东西替代了照片?预想的答案是雕刻、素描、绘画。更有启发性的答案可能是记忆。照片在空间中的作用以前是通过沉思来实现的。"我们现在可能会问,如果我们无法再将模拟的事件和经验与"真实的"事件和经验区分开来,那么记忆的内容会是什么呢?随着"虚拟"和"现实"越来越难以区分,我们熟悉的生活,包括我们的生活形成的记忆,将永远改变。也许,记忆和梦境将合而为一。

主要参考文献

引言

Abel, Manuela (ed.), *Jeffrey Shaw: A User's Manual* (Karlsruhe 1997)
Bergson, Henri, *Matter and Memory*, N. M. Paul and W. S. Palmer, translators (New York 1988)
Braun, Marta, *Picturing Time* (Chicago 1992)
Danto, Arthur, *After the End of Art* (Princeton 1997)
Hulten, Pontus *Marcel Duchamp* (Milan 1993)
James, David, *Allegories of Cinema* (Princeton 1989)
Jenkins, Janet (ed.), *In the Spirit of Fluxus* (Minneapolis, Walker Art Center 1993)
Kaufman, Stanley, *Living Images* (New York 1973)
Kilchesty, Albert, *Big As Life: An American History of 8mm Films* (San Francisco 1998)
Lovejoy, Margaret, *Art and Artists in the Age of Electronic Media* (Ann Arbor 1989)
Parkinson, David, *History of Film* (London 1995)
Sitney, P. Adams, *Visionary Film: The American Avant-Garde 1943-1978* (New York 1974)
Youngblood, Gene, *Expanded Cinema* (New York 1970)

第一章　媒体和表演

Avalanche magazine, Winter 1971, Winter 1972
Birringer, Johannes, *Media and Performance: Along the Border* (Baltimore 1998)
Debord, Guy, 'The Society of the Spectacle', 1967
Fogle, Douglas, *The Last Picture Show: Artists Using Photography 1960-1982* (Minneapolis, Walker Art Center 2003)
Goldberg, Roselee, *Performance Art* (London 1988)
Goldstein, Ann (ed.), *A Minimal Future? Art as Object 1958-1968* (Los Angeles 2004)
Hershman-Neeson, Lynn, *Clicking In: Hot Links To a Digital Culture* (Washington 1966)
Hopps, Walter and Susan Davidson, *Robert Rauschenberg: A Retrospective* (New York, Guggenheim Museum 1997)
Jameson, Fredric, *Postmodernism in Consumer Society*, in Hal Foster (ed.), *The Anti-Aesthetic* (Washington 1983)
Kirby, Michael, *The Art of Time* (New York 1969)
McLuhan, Marshall, *The Medium Is the Message: An Inventory of Effects* (New York 1967)
Rush, Michael, *Still Moving: Video Art in the Scholl Collection* (Baltimore 2003)
Schimmel, Paul, *Out of Actions: Between Performance and the Object 1949-1979* (Los Angeles 1998)
Simon, Joan (ed.), *Bruce Nauman* (Minneapolis 1994)
Simon, Joan, interview with Joan Jonas, *Art In America*, July 1995

第二章　录像艺术

Goldstein, Ann and Anne Rorimer, *Reconsidering the Object of Art* (Los Angeles 1995)
Hill, Christine, *Surveying the First Decade: Video Art and Alternative Media in the United States*, exhibition notes, San Francisco Museum of Modern Art, October 23-November 23 1997
Hall, Doug and Sally Jo Fifer (eds), *Illuminating Video* (New York 1990)
Iles, Chrissie, *Into the Light: The Projected Image in Amnerican Art 1964-1977* (New York, Whitney Museum of American Art 2001)
Popper, Frank, *Art of the Electronic Age* (London 1993)
Renov, Michael and Erika Suderburg (eds), *Resolutions: Contemporary Video Practices* (Minneapolis 1996)
Sichel, Berta, *Monocanal* (Madrid, Museo Nacional Centro de Arte Reina Sofía 2002)
Third Biennale de Lyon, 1995 (CD-ROM)
Van Assche, Christine (ed.), *Vidéo et après* (Paris, Centre Georges Pompidou 1992)
Zippay, Lori (ed.), *Electronic Arts Intermix: Video* (New York 1991)

第三章　录像装置艺术

Art Journal, vol.4, no. 54, Winter 1995
de Oliveira, Nicolas, Nicola Oxley, Michael Petry, *Installation Art* (London 1994)
Herzogenrath, Wulf, *Nam Jun Paik: Video Work 1963-88* (London 1988)
Levin, Thomas, Ursula Frohne and Peter Weibel (eds), *CTRL SPACE: Rhetorics of Surveillance, from Bentham to Big Brother* (Karlsruhe, Center for Art and Media 2001)
O'Doherty, Brian, *Inside the White Cube: The Ideology of the Gallery Space* (Santa Monica and San Francisco 1976, 1986)
Quasha, George and Charles Stein, 'Liminal Performance', *PAJ*, no. 58, January, 1998
Rush, Michael, *Video Art* (London 2003)
Whitney Museum, *Bill Viola* (New York 1997)

第四章　艺术中的数字

Baruchello, Gianfranco and Henry Martin, *Why Duchamp* (New York 1985)
Berger, John, *About Looking* (New York 1980)
Coleman, A. D., *The Digital Evolution* (New York 1988)
Druckrey, Timothy (ed.), *Electronic Culture* (New York 1996)
Druckrey, Timothy (ed.), *Iterations: The New Image* (Massachusetts 1993)
Fifeld, George, 'The Digital Atelier' *Art New England*, October/November 1997
Goodman, Cynthia, *Digital Visions: Computers and Art*, 1987
Greene, Rachel, *Internet Art* (London 2004)
Hayward, Philip (ed.), *Culture, Technology, and Creativity in the Late Twentieth Century* (London 1990)
Leonardo, vol.31, issue 5, October 1998
Negroponte, Nicholas, *Being Digital* (New York 1995)
Noll, A. Michael, 'The Beginnings of Computer Art in the United States: A Memoir', *Leonardo*, September 1994
Paul, Christiane, *Digital drt* (London 2003)
Shaw, Jeffrey and Peter Weibel, *Future Cinema: The Cinematic Imaginary After Film* (Karlsruhe, Center for Art and Media 2003)
Sommerer, Christa and Laurent Mignonneau, *Art @ Scitence* (New York 1998)